仕事は将棋に置きかえればうまくいく

戦略・交渉・
人材活用への
ロジック
100

加藤剛司

扶桑社

はじめに

「将棋を指すときの思考法」でロジカルに物事を考える

他人と違う視点を持つためのメソッド

「あなたは、将棋を指したことがありますか？」

そう聞くと、多くの人が「ある」と答える。

駒の動きもけっこう知られていて、飛車が縦横に、角が斜めに、どこまでも進めることや、桂馬は2マス前の左右どちらかに動ける、ということも知っている人は多い。

「ルール、どこで覚えたんですか？」と聞くと、みな「子どもの頃、知らないうちに」と答える。他のボードゲームと違い、将棋は日本人の生活の中に深く入り込んでいるのだ。

なのに、なぜかみんな、大人になると将棋から離れていってしまう。囲碁は大人になってから「たしなみ」として始める人が多いが、将棋は逆なのだ。

中学生のとき、将棋にハマって有段者となり、以後40年近く趣味として指し続けている私にとっては、それが本当に残念でならなかった。

「こんなに面白くて、有益なゲームはないのに、なんでみんなやらないの？」と。

だが、ここ数年、流れは大きく変わった。

つい先日発表された『レジャー白書２０１８』によると、「２０１７年に、一度でも将棋を指したことがある」と答えた人の数、いわゆる「将棋参加人口」は、前年の５３０万人から大幅に増え、１７０万人増の７００万人。なんと、30％以上の激増ぶりである。

理由は明白で「藤井聡太効果」だ。

さらに「ひふみん（加藤一二三九段）効果」や「羽生永世七冠効果」もあって、将棋がマスコミに取り上げられる機会は、このところグンと増えた。

天才棋士が主人公のマンガ『3月のライオン』が大ヒットして映画化されたり、将棋盤と駒を付録にした婦人雑誌が完売したりと、明らかに将棋は「来ている」のだ。

しかし、依然として歯がゆいのが、これだけ将棋に関心を持つ層が増えているのに、メディア側が「将棋の面白さ、深さ」を十分に伝えきれていないことだ。

「藤井、29連勝！」という現象面は伝えても、ではどんな手を指して、どんなふうに勝ったかまでは伝えない……というより、伝えられない。野球やサッカーと同じで、伝える側にもある程度の専門的知識＝「棋力」が必要だからだ。

プロスポーツには、その競技に精通した評論家やライターがいて、深い解説記事を書いてくれるが、悲しいかな、将棋界にはそういう存在が、ごくわずかしかいない。

だから、伝わらない。藤井五段（当時）が初優勝し、世間でも大きく報道された朝日杯将棋オープン。準決勝で対戦した羽生善治竜王は、藤井七段の得意な領域にあえて飛び込み、敗れた。

感動した私は、Facebookにそのことを綴り、「これが世間に伝わらないのがもどかしい！」と書いた。たまたまそれが、著述家・編集者の石黒謙吾氏の目に留まり、この本をプロデュース・編集していただき、執筆、刊行に至った。

「伝えるプロ」であり、有段者でもある自分にしかできない仕事で、その機会を与えてくれた石黒氏には心から感謝したい。

今回、石黒氏と打ち合わせ、まずは「将棋を指すときの思考法」が、実は仕事や日常生活にも応用が利き、いかに役に立つか「見立て」ながら、棋士の話も盛り込み100項目にまとめてみた。

実際、将棋を指すと、ロジカルに物事を考えることができるようになるし、人間的な幅も広がる。私が浮き沈みの激しい世界で、25年もフリーで放送作家をやっていられるのも、他人と違う視点で世の中を見られるのも、「将棋思考」のおかげである。

将棋をまったく知らない人でも大丈夫。棋譜や図面は最小限にとどめ、将棋の本質的なエッセンスが伝わるよう心掛けた。それを知ってもらうことが、この本の目的である。ビジネス中心に書いたが、仕事の部分を「恋愛」「人付き合い」「試験」「研究」などに置きかえてもらえれば、人生のあらゆるシーンで、この本は役立つと思う。

どこからでも読める構成にしてあるが、まずは「駒と性格タイプの見立て」(P14)あたりから、自分や知人はどの駒だろうと考えつつ、ゆるく読み進めていただきたい。そして将棋に興味が湧いたら、実際に将棋を指してみてほしい。

これまで気づかなかった人生の新しい景色が、見えてくるはずだ。

はじめに 「将棋を指すときの思考法」でロジカルに物事を考える……他人と違う視点を持つためのメソッド 002

▼まずは性格タイプ分類から……あなた、同僚、上司、部下、得意先はどの駒？ 自分を知って、相手を知る コミュニケーションは「対局」だ 014

▼8種類の駒はここに動ける…… 018

▼本書の凡例と用語集…… 020

001 プロジェクトに参加するなら自分の適性を見極めてから……あなたは「金」タイプ？ それとも「銀」タイプ？ 024

002 素直に失敗を認められる人こそ大きな信頼を得られる……自分で「負けました」と口に出すのが将棋 026

003 打ち合わせを重ねるより多少のリスクはいとわず即断即決……「安全勝ち」より最短距離で決めろ 027

004 〝折衝中〟の案件を多く抱えている人ほど仕事がデキる……「駒が3つぶつかっていたら初段」複数箇所で戦う 028

005 1人であれこれ動き回らずに仲間と連携プレーで正面突破……「飛車+銀」の協力でゴリゴリ攻める「棒銀戦法」 030

006 斬新なアイデアは直線的ではない「斜めの視点」から生まれる……斜めに利く「角」が「妙手」を導く 032

007 想定内のビジネストークより感じたままのひと言が効く……「わかりやすい最善手」に勝る「意表を突く手」 033

008 藤井聡太ロジック① 「詰将棋」で鍛えた少年時代 12歳で全国優勝～4連覇……脳内での「仮想訓練」が判断力を早くする 034

009 相手が「ウン」と言うしかない状況を先回りして作る……無理に「詰ます」より「玉」の逃げ道で「待ち伏せ」 036
010 自分をフォローしてくれる人をいつも周りに置く……「金なし将棋に受け手なし」「玉」のそばに「守備駒の金」 038
011 前に出るばかりじゃ能がない 一歩引いて部下に任せてみる……「金は引く手に好手あり」守備に専念させる 039
012 主力2人＋斬りこみ役2人のカルテットでうまくいく……「攻めは飛角銀桂で」理想的な布陣 040
013 **藤井聡太ロジック②** 小5で『竜馬がゆく』読破 趣味は読書でジャンル多彩……ふだん読まない本を読んで視野を広げる 042
014 外回りの営業マンにも企画立案に加わってもらう……強力な攻め駒を自陣に打つ高等戦術「自陣飛車」 044
015 他社も含めて関係各所のキーパーソンにあいさつや根回し……攻め込む前に敵の急所へ「利かしの歩」を入れておく 046
016 トイレの清掃員にもきちんとあいさつができる人に……「将棋は、礼に始まり礼に終わる」 048
017 無鉄砲な人こそ煮詰まった状況の打開に役に立つ……「香車《やり》」でムリヤリ敵陣突破 持ち駒にしておきたい 049
018 ライバルにも情報をさらけ出すことで成長する……「感想戦」は上達の早道「読み筋」披露で意見交換 050
019 エースだけで仕事は回らない たんたんとこなす人も必要……「歩のない将棋は負け将棋」歩切《ふぎ》れを避ける 052
020 企画をスタートさせる時点でリスクヘッジは済ませておく……「玉」を囲ったら「端歩《はしふ》」を突いて逃げ道を作る 053
021 **藤井聡太ロジック③** トッププロに「引き分け」号泣した小2の藤井少年……失敗した悔しさを「まあいいや」で済まさない 054
022 社運を懸けたプロジェクトは社内調整をしっかりと……ガンガン攻める前にガチガチに守る「穴熊戦法」 056

023 細かい損得よりよそに先んじてキーパーソンと緊密な関係を築く……ときには「駒の損得」より「スピード」を優先 058

024 バックアップ役を1人置くだけで仕事は順調に回り始める……「金底《きんそこ》の歩　岩より堅し」金の下に歩で鉄壁の守りに 060

025 対面のやりとりで即決断することが当たり前になるクセを……「10秒将棋」の訓練で瞬発力を養う 061

026 **羽生善治ロジック①** 勝負どころで飛び出す「羽生にらみ」の効用……ふだん見せない表情で相手を威圧 062

027 現場仕事を楽しむためにあえて昇進しない道もある……「銀は不成《ならず》に好手あり」斜め後ろを活かす 064

028 ライバルに勝つにはまず自分のサポート役を固めていく……厚みで押す「位取《くらいど》り戦法」「位を取ったら、まずその確保」 066

029 ガード役的な人材でも2通りのタイプに役割分担を……守備の「金」「銀」の配置は適材適所で 068

030 八方ふさがりの状況になったらリーダー自ら直談判へ……王将が自ら敵陣を突破する「入玉作戦」 069

031 **羽生善治ロジック②** 「羽生の手が震えたら勝ち」敵の戦意を奪う「勝利の儀式」……成功したときの〝決めポーズ〟を作っておく 070

032 ギリギリで浮かんでくる「土壇場の直感」はアテになる……「秒読み」での正解は「最初に浮かんだ手」 072

033 直接口を出さず間接的に人を動かすほうが好結果に……「角」は遠くから打つ手に好手あり 074

034 エキスパートになれば仕事は向こうからやってくる……まずは1つの「戦法」を究める 076

035 ふだんフラフラしている社員はフットワークが軽快なもの……「銀は千鳥に使え」まっすぐよりジグザグに活用 077

036 優秀な部下1人より並の2人を抱えるほうが効率が上がる……「2枚換え」は積極的に「大駒1」を「小駒2」と交換 078

037 **羽生善治ロジック③** ドン底の時期から復活 史上初の「永世七冠」達成 …… **追い込まれたときこそ「一気に飛躍」の絶好機** 080

038 相手が強引な手法で来たら時間を置いて対処する …… **「飛車・角・香」を近づけて受ける「中合《ちゅうあい》」の術** 082

039 得意先とトラブルになったら新たな企画を持っていく …… **不利になったときは別なところでも戦いを** 084

040 飲み会で所在なさげな人は話しかけると心を開く …… **「浮き駒」を狙え 駒同士の連携を高める** 085

041 細かい気配りのリスクヘッジがプロジェクト成功への近道 …… **将来「取られそうな駒」は事前に逃がしておく** 086

042 難攻不落の相手は「裏側」からアプローチすると有効 …… **「穴熊」は正面から攻めず裏口の端から攻める** 088

043 安易なセオリー依存は危険 自分の頭でも考えてみる …… **「定跡《じょうせき》を鵜呑みにするなかれ」丸暗記は意味がない** 090

044 とっておきの企画を温め過ぎると絶好のチャンスをロスすることに …… **「まだ早い」ぐらいが絶好の「仕掛け時」** 091

045 出向先で揉まれてきた社員が社内に戻ればよき見本になる …… **「馬は自陣に引け」成った角は金銀3枚の守備力に匹敵** 092

046 **羽生善治ロジック④** 趣味であるチェスも名人級 全国大会で優勝経験も！ …… **自分の専門ではないが近いことにチャレンジ** 094

047 いいアイデアが浮かんでも固執せず違う発想もしてみる …… **「三間飛車《さんげんびしゃ》」「四間飛車《しけんびしゃ》」自由に軌道修正の「振り飛車」** 096

048 新規のプロジェクトはひと呼吸置いてから実行に移す …… **「桂馬」は狙った場所からあえて離して打て** 098

049 同時に対処できない問題はあきらめるほうをシビアに選択 …… **「飛車・角両取り」両方一緒には逃げられない** 100

050 「この話は危ない」と感じたら早めに撤退する準備を …… **「玉の早逃げ」は後で何手もの得になる** 101

051 加藤一二三ロジック① タイトル戦の旅館で注文「庭の滝を止めてくれ」……交渉事ではあえてムチャな申し出という手も 102
052 打ち合わせは自分のペースで駆け引きには乗らない……ベテランらしいしぶとい「盤外戦術」に注意 104
053 ラフなミーティングでは積極的に中央の席に座ることが自分の成長に……「5五の位は天王山」中央を制すれば戦いを制する 106
054 人の心をつかむには常に相手の考えの先を見通す……「3手の読み」をさらに進めて「5手の読み」に 108
055 パワポを覚えても「説得する言葉」を磨かないと心には届かない……「定跡」を覚えるよりもまず「寄せ方」を学ぶ 110
056 周囲のサポートをスパッと絶ち1人で企画を立ててみる……あえて「玉」を囲わず戦う「居玉《いぎょく》戦法」 111
057 成功しても油断せずセールスポイントを重ねて強調……「勝ち筋」が見えたらまずひと呼吸置く 112
058 加藤一二三ロジック② 昼夜2食「うな重」を40年！ その狙いは「決断力の温存」……決めることを減らすルーティンの確立 114
059 パターン化された思考は地雷を踏む判断ミスのもと……「プロの将棋では王手飛車をかけたほうが負け」 116
060 大胆な企画はすぐに提出せず手元でみっちり練ってから出す……後戻り不能な「桂馬」は調子に乗ると「歩のえじき」 118
061 ベタな会話を心がけると相手に好感を持たれる……「寄せは俗手で」かっこよさは不要 119
062 自分にプラスにならない会合の日には先に「勉強会」を入れておく……急所はお互い同じ「敵の打ちたいところに打て」 120
063 「無気力社員」に見えても適役に据えると思わぬ成果が……隅で働いていない「遊び駒」を戦いに加える 122
064 加藤一二三ロジック③ 対局中に相手の背後に立ち後頭部越しに手を読む！……誰かの仕事を代わりにやると違った視点が 124

065 交渉事ではイニシアチブを握るためにどんどん提案……「先手先手の攻め」で局面の主導権をキープ 126

066 ひと筋縄ではいかない相手には有無を言わさずたたみ込む……手強い相手には「急戦」で一撃必殺を狙え 127

067 ミスをどうリカバーするかがのちのち自分の財産になる……「悪手」を指した直後こそ考えどころ 128

068 **加藤一二三ロジック④** 1手になんと7時間も長考！「将棋は深い」と悟る……1つの案件を突きつめると世界が開ける 130

069 トラブルの火種はパッと見気づかないところにある……うっかり見落とすと命取り「角筋」にご用心 132

070 小さな仕事でも地道にコツコツ進めれば大きな成果が……「歩」も敵陣まで進めば「と金」になる 134

071 「この件なら何時間でも話せる」ネタのジャンルをいくつか用意……「この形に持ち込めば負けない」得意形を持つ 135

072 小うるさい取引先にはウマの合う社員を1人あてがう……敵の「桂」を跳ねさせないように打つ「桂頭《けいとう》の銀」 136

073 話がうまく進んでいるときこそ〝落とし穴〟のチェックを……「必勝の局面」でも「トン死」には要注意 138

074 リーダーの心をつかむには周囲の人物を味方に……「玉は包むように寄せろ」 左右から挟み撃ちに 140

075 1つの案を深掘りし過ぎず常に第2案も用意する……「1つの手を深く読み過ぎない」ことも重要 141

076 顧客や同僚の何気ない行動から心理を読み取る……「棋は対話なり」将棋は対局者同士の会話 142

077 トリッキーな交渉にはワナが……対策は前もって考えストックを……下手に対処するとつぶされる　奇襲戦法＝「ハメ手」にご用心 144

078 **米長邦雄ロジック①** 後輩棋士に「教えてください！」と頭を下げて名人に……最新情報はプライドを捨てて若手社員に聞く 146

079 企画を「後出し」するほうが有利な展開に転がる場合も……先に攻めるのが不利と見たら「1手パス」の手を指す 148
080 忙しくないときこそ「自己投資」に励んでみる……「有効な手」ナシなら守備 「自陣に手を入れる」 149
081 「なぜミスをしたのか?」原因を掘り下げ次を見据える……「悪手」は最高の教材 棋譜を振り返り発見 150
082 リスクテイクに対してひるまない積極性が好結果を生み出していく……ノーガードで中央制圧を狙う「ゴキゲン中飛車《なかびしゃ》」 152
083 納期までの作業内容を逆算 計画はあえて前倒しに……終盤は常に「攻めの速度」を計算する 154
084 強引に返事を求めずゆるく迫ることで信頼を得る……「王手は〝追う手〟」ただ追えば逃げられる 156
085 相手の思惑が読めなくても誘いに応じると有益なことも……迷ったら全部「同歩《どうふ》」 腹を決めた対応 157
086 米長邦雄ロジック② 米長哲学「相手にとって大事な一局なら手を抜くな」……「重要な仕事」の判断は自分より相手の立場で 158
087 相手のやり方に合わせれば視野と知識がぐっと広がる……「相手の得意戦法」にあえて乗ってみる 160
088 あえてマニュアル対応を遠ざけることで好感度UP……「定跡」から離れた瞬間に「自分らしい手」が浮かぶ 162
089 ごく当たり前の気遣いや人としてのマナーをあなどるな……「駒はまっすぐに置け」持ち駒は見やすく 163
090 社員同士のリレーションで5の力を10に変えていく……「駒の連携」を第一に考える 小駒のアシストで敵陣に 164
091 升田幸三ロジック① 13歳で家出して書き置き「名人に香車を引いて勝つ」……荒唐無稽と思えても文字で書くと現実に 166
092 簡単にできるライフハックは早めにやっておく……すぐに囲えて堅く守れる「美濃囲い」 168

093 ルーティンワークを再考して新たな仕事のスタイルを発見……「定跡を疑う」ことから「新戦法」が生まれる 170
094 一見ベタな企画のほうが人の心をつかむこともある……「俗手の好手」シロウト考えを侮るな 172
095 「脳内シミュレーション」が根付けばパワポは不要……「頭の中に将棋盤」を作ってみる 173
096 升田幸三ロジック② 「素人の奇襲戦法」を名人戦で！「升田式石田流」……「素人考え」は常識破りなアイデアの宝庫 174
097 1日の行動を振り返ることでライフスタイルを再検証する……対局後には「指し手」のすべてを思い出してみる 176
098 ペン、手帳、カバン 仕事道具は頑張って高級な物を持つ……「高い盤と駒」を買うのは上達の早道 178
099 お堅いクライアントはガード下の横丁に誘え……「金は斜めに誘え」下がりにくさがポイント 179
100 名刺の持ち方や渡し方1つであなたの評価は大きく変わる……「正しい駒の持ち方」をまず覚えておく 180
▼将棋の「戦法」を分類してみると…… 182
▼11の戦法はここがビジネスに結びつく…… 184
▼謝辞…… 190

まずは性格タイプ分類から

「歩」タイプ

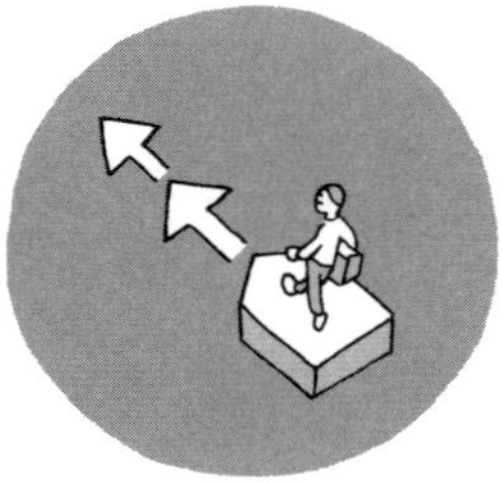

地道で努力家
人のために動く
大器晩成型

日々コツコツと仕事に立ち向かい、着実に成果を積み上げていく努力家タイプ。歩みの遅さゆえ、要領のいい同僚や上司から便利屋として気軽に使われることも多いが、他人のために働くことが苦にならない誠実さは必ず人事が評価してくれるもの。1マスずつ前へ進み敵陣まで到達すれば「と金」となり、長年ストックしてきた経験が花開く。

「香」タイプ

一本気で猪突猛進
研究的な持ち場で
適性を発揮する

一度こうと決めたら一歩も引かずに突き進み「頑固者」と苦笑いされたりする人。それはつまり、オモテウラのない素直さとも言える。後戻りなど考えず、どこまでも前に進んでいくからこそ、研究者向きだ。仕事で言うならば、新規開発プロジェクトなどで日々、粘り強く試行錯誤をくり返したり。不器用さこそが、深い知識や技能へ導いてくれるのだ。

あなた、同僚、上司、部下、得意先はどの駒？

「銀」タイプ

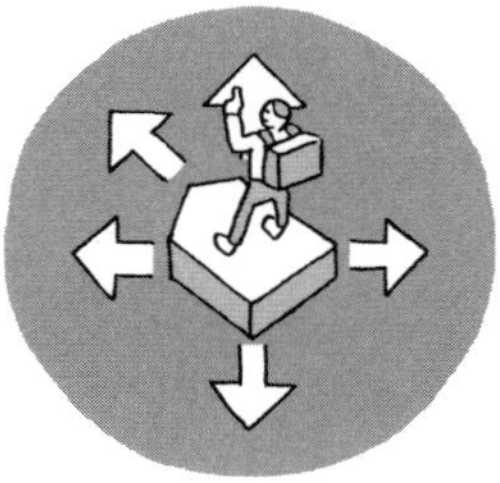

機敏で自在に動き 冷静に先頭に立つ リードオフマン

常に案件の進捗などを把握し、冷静な判断力で着実に実績を最前線で残し、社内の人望を集めていく。派手な動きはせずとも、機敏に要所を押さえる嗅覚が鋭いのだ。対外的に押せ押せムードのときは先頭に立ってチームを引っ張り、トラブルが起これば、すぐ後ろでバックアップに回る。地位や社歴にかかわらず、いないと困る頼もしい存在である。

「桂」タイプ

社交性がよく フットワーク軽く 話をまとめていく

愛想とノリのよさから「お調子者」と思われたりするが、裏を返せば、軽いフットワークが大きな武器で、社交性があるという強力なオリジナリティがある。となれば当然、交渉事は得意中の得意。なかなかたどり着けない本丸へポーンと飛び込み、みんなが手を焼く気難しい取引先のキーマンとの話をまとめ、難題を解決してしまうのである。

自分を知って、相手を知る

「角」タイプ

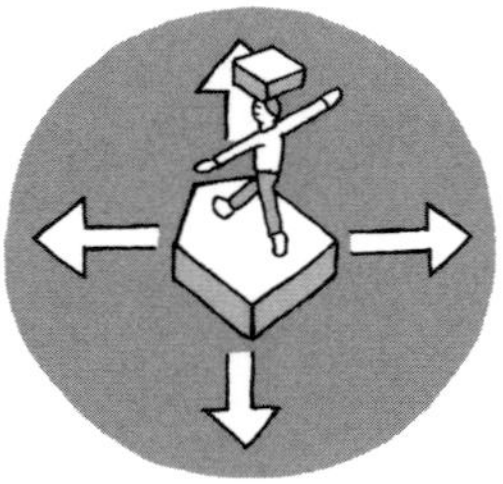

他人と違った角度で物事を捉え大胆に進展させる

自他共に認める、発想力豊かなアイデアマンだ。他人と違った視点によって、今まで誰も気づかなかった提案をしたり、計画の核心に触れる意見をなにげなく放ったり。独自のユニークな切り口の「天才肌」と言っていいだろう。適性としては、自由に行動しやすい新規開発部門や、固定された取引先以外をホッピングする遊軍的な営業セクションなど。

「金」タイプ

後ろに控えてどっしり構え懸案を手堅く解決

豊富な実績があるにもかかわらず矢面に立つことはあまりない。しかし、社内の多くの人が心のより所にしている存在である。会社の重し的に、陰で組織を支えたり、トップの横に張り付き、さまざまなトラブルから守る補佐役などもこのタイプだ。下支えの地味な部署においては、守備的姿勢の問題処理能力の高さが評価されていく人材である。

コミュニケーションは「対局」だ

「玉」タイプ

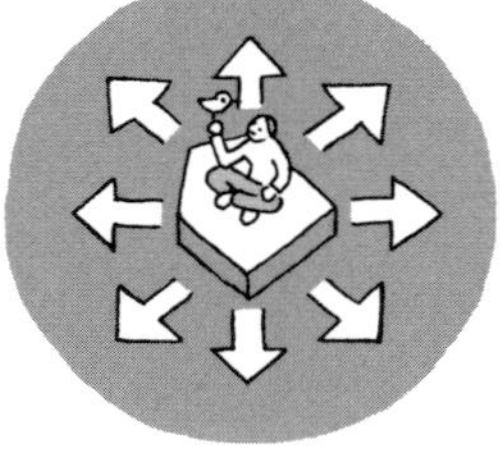

この人のためならと人材が寄ってくるリーダー型

達成したい大きなビジョンが明確にあるから、それが他人を惹きつけ、意気に感じてサポートしたい人が自然に集まってくる。つまり、典型的なリーダー型だが、グイグイと引っ張っていくのではなく、要所以外では多くを語らず、どっしり構えた大物感がその源となっている。腹が据わっているから、多少のことでは動じない。もちろん、経営者向きである。

「飛」タイプ

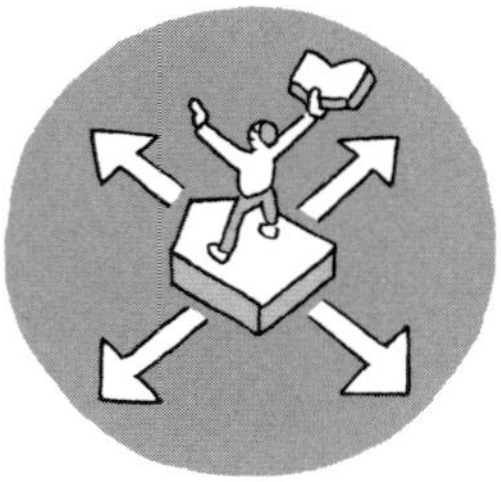

社内・社外問わず奔走して推進させるプロデューサー役

きっちりした事務案件などにイージーミスはあるのに、この人なら仕方ないなという雰囲気になるのは、圧倒的な行動力があるから。社内・社外問わず笑顔で飛び回るバイタリティで、当然、人脈も幅広い。そして、これはキビシイだろう……という案件も力業でまとめていく。親分肌で面倒見が良く、かつ剛胆。いい方向の体育会系である。

8種類の駒はここに動ける

歩兵

ふ／ふひょう

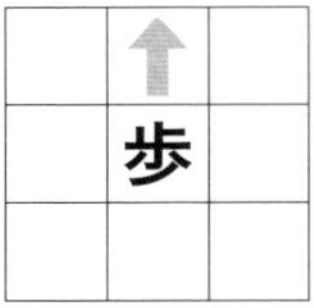

前に1マス進める。
戻れない。
成ると「金」と同じ動きに。

香車

きょう／きょうしゃ

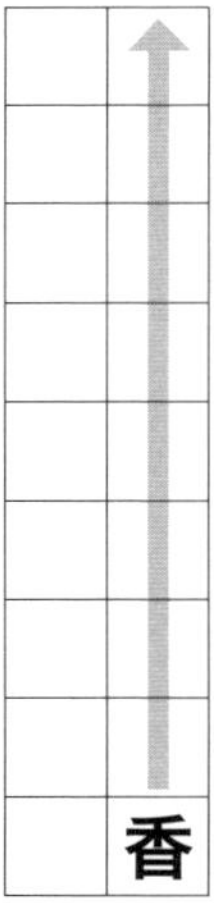

前に何マスでも進める。
戻れない。
成ると「金」と同じ動きに。

桂馬

けい／けいま

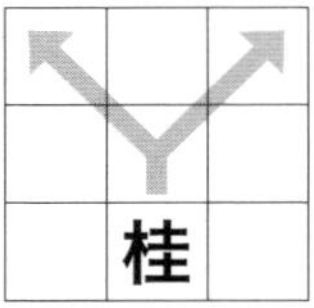

2マス分前の右か左の
どちらかに進める。戻れない。
成ると「金」と同じ動きに。

銀将

ぎん／ぎんしょう

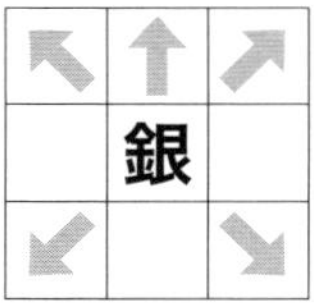

1マス前の3カ所と、
斜め後ろ2カ所に進める。
成ると「金」と同じ動きに。

金将

きん／きんしょう

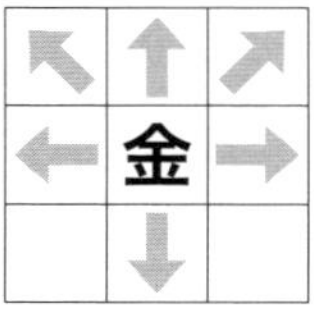

1マス前の3カ所と、左右
1マス分、真後ろ1マス分進める。
成ることがなくそのまま。

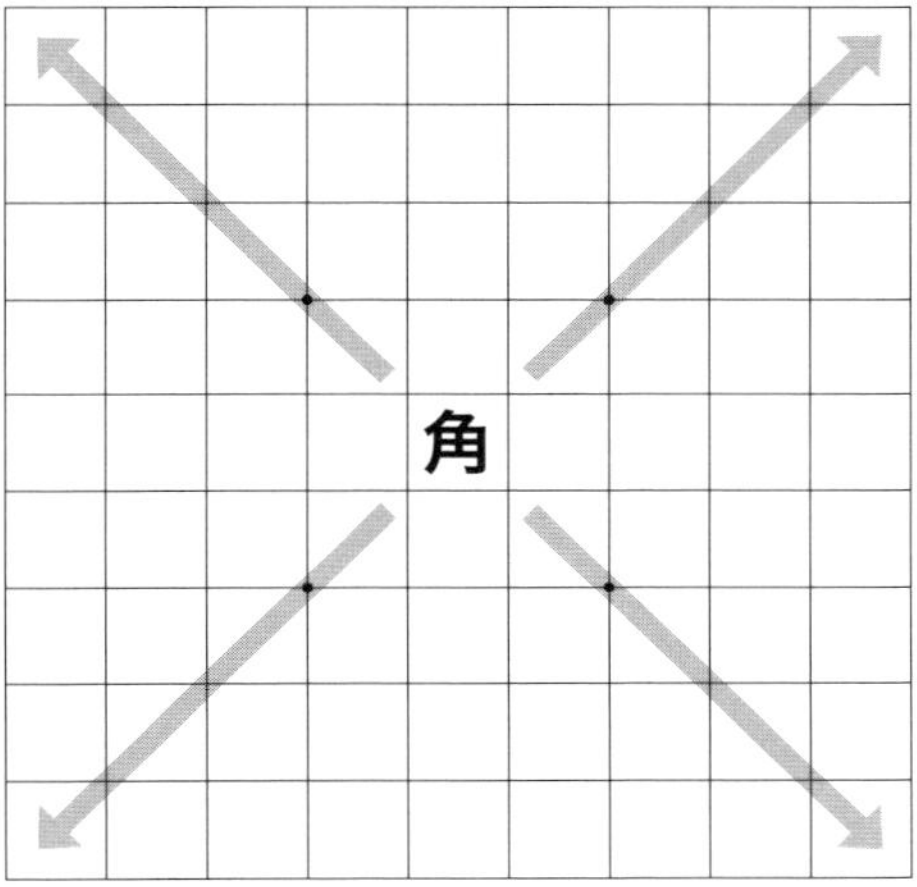

角行

かく／かくぎょう

斜め4方向だけだが、
何マスでも進める。成ると
「竜馬（うま／りゅうま）」
となり「玉」の動きも加わる。

玉将・王将

ぎょく・おう／
ぎょくしょう・おうしょう

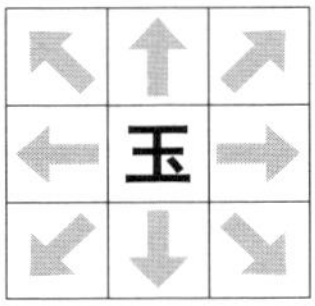

下位の人は「玉」を使い、
上位の人が使うのは「王」。
成ることがなくそのまま。

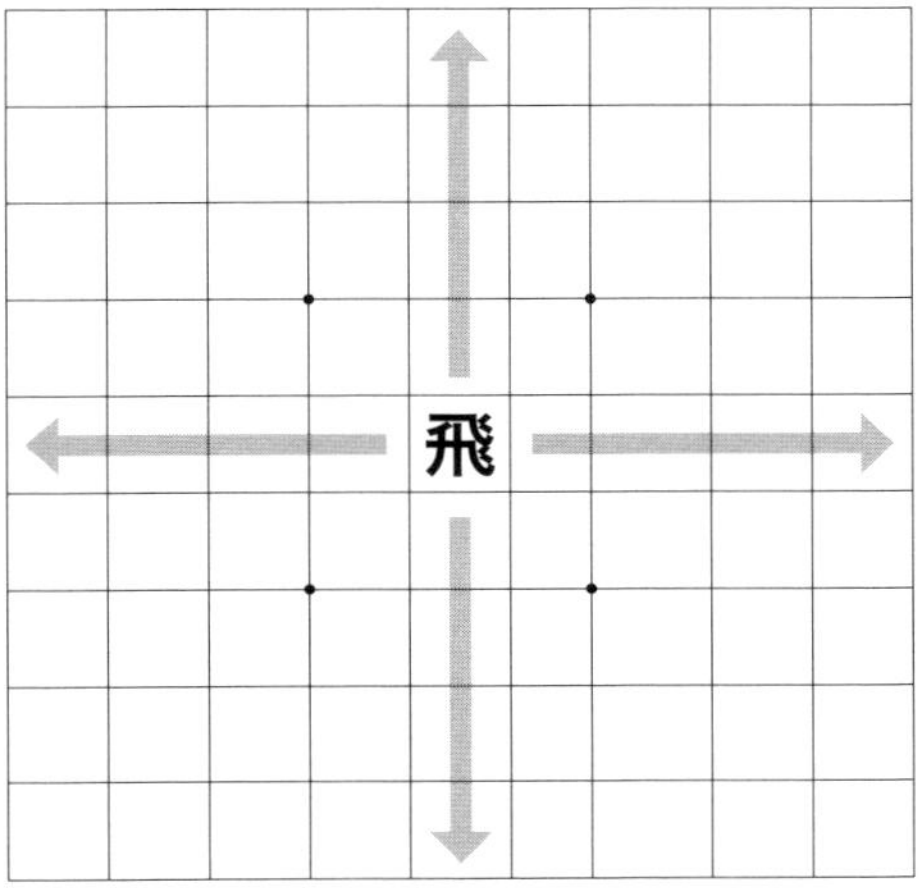

飛車

ひ／ひしゃ

縦横4方向に、
何マスでも進める。成ると
「竜王（りゅう／りゅうおう）」
となり「玉」の動きも加わる。

将棋の盤面は、縦9×横9、合計81のマス目で構成されているが、縦のラインを「筋《すじ》」、横のラインを「段《だん》」と言う。局面を表示するときは、先手側を手前にして表示するのが慣例になっており、先手の指し手は「☗」、後手の指し手は「☖」で表示する。棋譜を付けるときは、筋に算用数字（1、2、3……）、段に漢数字（一、二、三……）をあて、必ず筋のほうを先に表記する。

【図1】 対局が始まり、先手がまず7七にあった歩を、1つ前に進めた局面。この手を表記するときは、駒が進んだ地点（筋＋段）のあとに「歩」を加えて「☗7六歩」と表記する。

【図2】 先手が☗2四歩と指し、駒がぶつかった局面。後手がこの歩を取り返したときは「☖2四歩」と言わずに、筋＋段を省略し「☖同歩《どうふ》」と記す。その歩を、先手が飛車で取り返したら「☗同飛《どうひ》」だ。「☗2四歩☖同歩☗同飛」という棋譜を見れば、お互いに駒を取り合ったことがすぐわかる。

【図1】

【図2】

定跡《じょうせき》 過去の研究から導き出された「この局面ではこう指す」という決まったパターン。将棋のセオリー。

読み筋 こう指すと、相手がどう指し、どう展開していくかという、頭の中で描いた想定手順。

利き筋 その駒の利きが及ぶ範囲。飛・角・香など、離れたところまで利きが及ぶ駒で、この言葉をよく使う。

厚み 〈攻撃の場合〉攻め駒が豊富で、攻めが途切れない状態。「〜のある攻め」。〈守備の場合〉玉の周囲に守備駒が集まり、守りが手厚くなっている状態。「〜のある囲い」

位取り《くらいど》 五段目まで歩が進み、その筋(縦のライン)を制圧した状態。

第一感 その局面を見た瞬間、読みを入れずに最初にパッと浮かんだ手、または形勢判断。

初形《しょけい》 対局前、駒を並べたときの最初の形。まだ1手も指していない状態。

初手《しょて》 最初に指した手。第一手。

駒組み 玉《ぎょく》を囲ったり、攻撃の態勢を整えること。

駒損《こまぞん》 盤上・駒台合わせ、自分が保有している駒が、対局開始時よりも減っているか、戦力ダウンした状態。反対が「駒得《こまどく》」。

角道《かくみち》 角の利き筋。「〜を開ける」→初手、先手が☗7六歩と指し、角が右斜め上方に動けるようにすること。

飛車先《ひしゃさき》 飛車の前方。「〜を突く」→飛車の前にある歩を突くこと。「〜を切る」→飛車先の歩を、相手の歩と交換し、持ち駒にすること。

突く 歩を1マス前に進めること。

跳ねる 桂が前方に進むこと。桂にしか使わない。

カラ成り 飛車や角が敵陣に成り込んだ際、駒を取らずに、ただ成っただけの状態。

底歩《そこふ》 九段目(いちばん下の段、後手の場合は一段目)に打った歩のこと。

歩切れ《ふぎ》 持ち駒に歩がない状態。小技が利かなくなり、合駒をするとき、歩より価値が高い駒を打つ必要が生じるため、できれば避けたい。

1手すき あと1手で玉が詰む状態。あと2手かけると詰む状態を「2手すき」という。

詰めろ 「このまま受けずに放っておくと、次に詰ませますよ」という手。「1手すき」と同じ。

85 ビジネスに役立つ将棋ロジック

+

15 名棋士から学ぶロジック

=

100

001

プロジェクトに参加するなら自分の適性を見極めてから

あなたは「金」タイプ？それとも「銀」タイプ？

もしあなたが、社内の新しいプロジェクトに参加することになったら、ただ漫然とメンバーに加わるのではなく、まずは自分に何ができて、どんな貢献ができるのか、自分の適性をしっかり見極めてから参加してもらいたい。

ここでぜひ参照してほしいのが、P14の駒別性格タイプ分類である。

将棋の駒は8種類あるが、どれも個性的で、人間にたとえてみると、「あ、こういう人、いるいる！」と思うはず。

あなたの性格は、後ろに控えて懸案を手堅く解決する補佐役型の「金」タイプなのか？

それとも、最前線で機敏に動く、リードオフマン型の「銀」タイプなのか？

あるいはまた、他の駒タイプなのか？

将棋はこの8種類の駒を最大限有効に使って、

001

自分の玉を守りつつ、相手の玉を先に詰ますゲームだ。これは、プロジェクトリーダーが、メンバーの持てる力をフルに使って、目的を達成しようとする行為と、本質的には同じである。

将棋を知っていると有利なのは、実社会でどう行動し、周囲の人をどう動かしたら、所期の目標が達成できるのか？　その指針が学べることだ。

あなたが仮に、「自分は『金』タイプだな」と思ったとしよう。ならば、あなたがすべき役割は、前面に立って行動するのではなく、他のメンバーが心おきなく仕事ができるよう、後方支援に徹することだ。

これをわきまえていないと、「金」タイプなのに前にしゃしゃり出てしまい、てきぱき動けず、周りに迷惑をかけてしまうことになる。

前に出るのは「銀」タイプの同僚に任せて、その人が１００％の力を発揮できるようにサポート役に徹していこう。

また、自分が「銀」タイプだと思ったら、あなたがやるべきことは、最前線に立って現場をどんどん仕切っていくことだ。

進捗状況を社内にいるメンバーに伝え、どんなフォローが必要なのか、的確に指示。「金」タイプの同僚がそれに応える……。

そんな連携ができれば、自ずとプロジェクトはうまく回っていく。

また、自分の適性分析と、実際に任された仕事の内容が合致しない場合もあるだろう。そんなときは不平不満を言わず、自己分析が間違っていなかったか、もう一度よく考えてみよう。

もしかすると、自分が気づいていなかった潜在能力を発揮する、絶好のチャンスかもしれないのだから。

002

素直に失敗を認められる人こそ大きな信頼を得られる

自分で「負けました」と口に出すのが将棋

誰しも失敗することはあるし、クヨクヨせず、それを次のステップへの糧とすればいい。

だが、プライドの高い人ほど失敗を認めたがらず、見苦しい言いわけをするものだ。これでは尊敬されないし、人間的成長も望めない。

その点、将棋は潔い。挽回の見込みがなくなった時点で、相手に頭を下げ「負けました」と言わなければいけないからだ。

その一礼は、成長へのヒントを与えてくれた勝者への「お礼」でもある。そういう意識を持って将棋を指している人は、どんどん強くなれる。

失敗したら、それを素直に認め、二度と同じ失敗をしないよう反省する。当たり前のことなのだが、これができていない人は多い。

「勝ちました」と自慢するばかりで「負けました」が言えない人は、すなわち人生の敗者なのだ。

003

打ち合わせを重ねるより多少のリスクはいとわず即断即決

「安全勝ち」より最短距離で決めろ

企画を進める前に、慎重を期して、やたらと打ち合わせを重ねる人がいる。トラブルを恐れるあまり、事前に詰め過ぎるのも考えもので、そんなに万事、想定どおりにいくわけがない。

将棋でも「安全勝ち」といって、ほぼ勝ちの場面ですぐに相手玉を寄せにいかず、まるで真綿で首を絞めるような形で、ゆっくりじわじわと安全を担保しながら勝ちにいく道もある。

どうしても勝ちたい気持ちはわかるが、ほぼ逆転がない場面なら、迷わず最短距離で決めにいくべき。これは相手への礼儀であるからだ。

あなたがリーダーなら、進行事案が固まった時点で、「ま、細かい部分はやってみてということでこれでいきましょう」と即断即決の姿勢を見せていこう。そして「何かあったら私が頭を下げますから」のひと言で現場の士気はグッと上がる。

004

“折衝中”の案件を多く抱えている人ほど仕事がデキる

「駒が3つぶつかっていたら初段」複数箇所で戦う

仕事をどんどんこなす人は、常に現在進行形の案件を複数抱えているものだ。

仕事Aの企画内容を精査しながら、仕事Bの完了までの細かいスケジュールを組み、仕事Cの最終チェックを行う……。

ちょっと忙しいビジネスマンなら、2、3件の掛け持ちは日常茶飯事だろうが、中には〝折衝中〟の案件を、常に10件以上抱えている人もいる。

こういう仕事の進め方を「1つの仕事に対する集中力がそがれる」と言って嫌う人もいるが、それはむしろ逆だ。仕事はどんどん、掛け持ちで進めたほうがいい。

そうすると、限られた時間の中で複数の仕事を能率的にこなすにはどうしたらいいかを、自然に考えるようになる。自ずと集中力も磨かれ、1つ1つの仕事の質も上がっていく。

また仕事をパッパッと切り替えることが、いい

004

気分転換にもなる。同じ8時間働くのでも、1つの仕事だけに8時間取り組むとどうしても飽きてしまうが、2時間ずつ4つの仕事に取り組めば、手掛ける内容が変わるので集中力が上がる。

マルチタスクをこなすことは、脳を活性化させることにもつながるのだ。

将棋にも「駒が3つぶつかっていたら初段」という言葉がある。

こちらが戦いを仕掛けたら、相手がそれを放置して別なところで戦いを挑んできたので、その手に乗るかと、今度はまた別なところで戦いを起こす……。同時に3カ所で駒がぶつかっているということは、お互いが主張し、マルチタスクをこなしているようなもの。そんな局面が現れたら、指し手は間違いなく有段者だ。

そういう戦いでは、同時進行で3つ起こっているバトルのうち、真っ先に対応すべきものはどれかを瞬時に判断しなければならない。

中には、放っておいてなりゆきに任せたほうがいいものもある。重要度の低い戦いにとらわれていると、大局観を見失うことにもなりかねない。

「駒が3つぶつかった」局面は、判断力を磨く絶好のチャンスでもあるのだ。

実際の仕事で、複数の案件を同時にこなす場合も、まず優先順位をつけて、スケジュール管理を徹底することが大事だが、人の何倍もの仕事をこなしている人は、総じて切り替えがうまい。

ダラダラ残業せず決めた時間に仕事を終え、休日はいっさい仕事をせず自分の時間を作る。それが明日への活力になり、仕事の能率を上げることにもつながる。

「働き方改革」などと言われなくても、オンオフをはっきりさせ、働くときは能率よく同時進行でどんどん仕事をこなしていこう。

005

1人であれこれ動き回らずに仲間と連携プレーで正面突破

「飛車＋銀」の協力でゴリゴリ攻める「棒銀戦法」

仕事を進める上で心強いのは、自分のやりたいことを理解してくれて、そのサポートをしてくれる仲間がいることである。同じ方向を向いて事に当たれば、仕事の能率は何倍も上がる。

「棒銀戦法」は、飛車側の銀が敵陣を目指して棒のようにまっすぐ進んでいき、攻撃の先導役を果たすという単純明快な戦法だが、これがなかなかバカにできない。

注目してほしいのは、飛車は元の位置から動いていなくても、銀が代わりに飛車の「利き筋」をグイグイ進んでいくことで、間接的に攻撃に参加している点だ。攻め駒が2枚なので、相手は2枚以上の守備駒で守る必要があるが、攻撃側が実際に動かしている駒は銀1枚だけなのである。

銀は、飛車が背後でニラミを利かせることによって何倍もの突破力を得ることができるし、一方飛車は、銀が斬り込み隊長として働いてくれることによって、自ら動かなくても威力を発揮できる。単純ながら、駒の特性を活かした、実に効率的な戦法である。

ビジネスにたとえると、エースはあちこち動き回る必要はなく、その意図を正しく汲んでくれるメンバーが代わりに動けばいいのだ。

そのメンバーが的確に動けば、エースは動かずとも、2人で仕事をしているのと同じことになる。

えてして仕事ができる人ほど、難しい状況を自分1人の力で打破しようとするが、周囲の協力を仰ぐことはなにも恥ずかしいことではない。いざというとき、自分に代わって同じように動いてくれる仲間なり部下が、周囲に何人いるのか？

銀と飛車が協力し合うことで破壊力が格段に増すように、連携プレーによる仕事は、うまくはまれば予想以上の成果を生む。そういうチームを作れるかどうかが、真の「突破力」なのである。

初心者向けの棒銀戦法

3九にあった銀が、3八→2七→2六と、棒のようにまっすぐ上がっていく「棒銀戦法」。

初心者向けの代表的な戦法で、入門書には必ず載っているが、タテに攻めていく居飛車においては有力な戦法の1つで、プロの実戦でもよく登場する。

「ひふみん」こと加藤一二三九段も現役時代に棒銀を愛用した1人で、負けたときに「棒銀が弱いんじゃない。私が弱いんです」と言ったほど。ピュアでまっすぐな性格の加藤九段には、ぴったりの戦法だった。

狙いこそ単純だが、破壊力は抜群なので、対策を間違えるとアッという間につぶされてしまう。

少ない労力で相手に神経を使わせる効果もあり、あらためて連携プレーの大切さを教えてくれる戦法だ。

006

斬新なアイデアは直線的ではない「斜めの視点」から生まれる

斜めに利く「角」が「妙手」を導く

企画を立てる際、何かこれまでにない新機軸を打ち出そうと思ったら、会議にどんなタイプのメンバーを呼ぶといいだろうか？

もちろん、アイデアを直線的に深く掘り下げてくれる人も必要だが、出てくる案が代わり映えしない場合、思いきって、周りから「変わり者」と見られているタイプを呼んで、独自の視点から意見をもらうといい。

将棋でも、「絶妙手」と呼ばれる手は「飛車」よりも、斜めに利く「角」によることが多い。

飛車による攻めは直線的で明快な分、相手にも看破されやすいが、角による斜めからの攻めは意外と盲点になり、敵の意表を突けるのだ。

物事を斜めの視点から捉える「角」タイプの人間が1人いると、誰も思いつかなかった、エッジの立った企画のヒントが出るはずだ。

007

想定内のビジネストークより感じたままのひと言が効く

「わかりやすい最善手」に勝る「意表を突く手」

あなたは仕事相手と話すとき、つい、あたりさわりのないトークばかりしていないだろうか。

もし先方から「この商品、どう思います?」と意見を求められた場合、どのように対処するのが最善なのか?

将棋で、自分が不利な場合は「わかりやすい最善手」より「意表を突く手」を指したほうがいい。なぜなら「わかりやすい最善手」はほぼ間違いなく、相手の「読み筋」に入っているからだ。

そんな想定内の手を指すよりも、ふと浮かんだ意外な手を指したほうが、相手の読み筋を外せるので、勝負手としては有効だ。

仕事相手に真剣に意見を求められた際は、相手が想定するような社交辞令トークではなく、忌憚のない意見を感じたまま述べてみよう。きっと相手に感謝され、以後、距離も縮むだろう。

藤井聡太
ロジック
①

「詰将棋」で鍛えた少年時代 12歳で全国優勝～4連覇

脳内での「仮想訓練」が判断力を早くする

世間に藤井聡太七段の名前が知れわたったのは、デビュー29連勝というとんでもない記録を打ち立てた2017年のこと。指すたびに、対局場にマスコミが殺到。たちまち藤井七段は、羽生竜王と並ぶ「日本一有名な棋士」になった。同じ愛知県人として、誇らしい限りである。

私が「藤井聡太」の名前を初めて知ったのは、世間より少し早い2015年のことだ。毎年、プロ・アマが参加して行われる「第12回　詰将棋解答選手権」のチャンピオン戦

008

で「小学生が優勝した！」というニュースを知り、「いったいどんな子だよ？」と記事を見たら、藤井二段（当時奨励会・12歳）だったのだ。

詰将棋は、将棋の終盤から発展したパズル問題で、難問になってくると、「指し将棋」とは違った思考能力が要求される。だからプロが解けない問題をアマの解答自慢が解く、ということも珍しくないのだが、全国の猛者が集う中、プロの卵とはいえ12歳が優勝、しかも全参加者中で唯一の全問正解、という事実に私は驚愕した。

「この子、絶対に名人になるだろうな」と思ったが、さらにすごいのは、藤井七段がその後も毎年出場を続け、4連覇を達成したことだ。もちろん、今年（２０１８年）も唯一のパーフェクト達成者である。

藤井将棋の終盤の強さは異常で、秒読みでもまず間違えないし、周囲のプロが見つけられない詰み筋をひと目で見つけてしまったりする。これは間違いなく詰将棋で鍛えられた能力だろう。詰将棋を大量に解くことは、終盤のパターン認識強化につながる。パッと局面を見て「あ、この形は詰む」「詰まない」と即断できるようになるのだ。

あなたも、仕事の段取りを脳内で組み立て、展開を脳内でシミュレーションする習慣をつけておくと、いざというとき、最善のプランをすぐに提示できるはずだ。

009

相手が「ウン」と言うしかない状況を先回りして作る

無理に「詰ます」より「玉」の逃げ道で「待ち伏せ」

交渉事で、難攻不落の相手を口説き落とすにはどうしたらいいだろうか？

こういう相手は、やみくもに正面から突進しても玉砕して徒労に終わることが多い。ここは発想を変えて、「この人が『ウン』と言わざるを得ないシチュエーションって、どんな状況だろう？」と、ゴールから逆算して考えてみるといい。

その状況を先に作ってから交渉に臨めば、「いやぁ、そう来られるとこっちも弱いですな……」と、意外にあっさり土俵を割ることだろう。

将棋でも、終盤戦はただゴリゴリと敵玉に迫ればいい、というものではない。強い指し手は、最終形を想定しつつ、敵玉に包囲網を築いていく。

自玉がすぐに詰まない状況なら、敵玉を王手王手で追い回すより、逃走ルートにあらかじめ持ち駒を打って、そちらに逃げられないようにしておくほうが効率的だ。

009

いわゆる「待ち駒」というもので、脱出口で敵兵が待ち構えていたら、逃げ場はなくなる。こうして相手の退路をつぶし、2方向から挟み撃ちにすれば、敵は白旗を揚げるしかない。

昔は「待ち駒は汚ない」と言う人もいたが、いやいや、ルールに則った合理的な手であり、卑怯でもなんでもない。遠慮なく待ち伏せよう。

正々堂々、正面から突破を図って、まんまと逃げられるほうがよっぽど恥ずかしいことだ。

なかなか「ウン」と言わない相手を口説き落とすときも、いきなり「王手」をかける=本題を切り出すのは得策ではない。その前に、アプローチをちょっと変えてみよう。

まずは、依頼する案件のハードルを下げてみる。相手の負担が少ない楽な内容で、「お近づきのしるしに……」と、そこそこいい条件の見返りを提示してみるのである。

そこで断られるようなら、ハナから交渉を重ねていっても、どうせムダなのだ。

もし受けてくれたのなら、脈はある。まずは「仕事をした」という実績を作ることが大切だ。

実績作りに成功したら、すぐに二の矢を放つ。「待ち駒」による2方面作戦を応用しよう。

たとえば、「Aという仕事をしてくれますか?」という、YESかNOしか返せない頼み方ではなく、「Aが希望ですが難しければBでも。どちらかお願いできますか?」と振ってみる。

こうして相手に2つの選択肢を与えると、不思議なもので「ここまで配慮してくれているのに、断ると悪いかな」という気になるものだ。

すでにいい条件で仕事をさせてもらったという「借り」を相手が感じていたら、もう成功したも同然。大事なのは、相手が配慮されていると感じる交渉を進めることだ。

010

自分をフォローしてくれる人をいつも周りに置く

「金なし将棋に受け手なし」「玉」のそばに「守備駒の金」

組織のリーダーとして大きな仕事がしたければ、陰で支え、フォローしてくれる「側近」が必要不可欠だ。そういう人材が見つかったら、すぐにキープして常にそばにいてもらおう。『三国志』の諸葛孔明《しょかつこうめい》のように、名参謀のいる組織は、いざというときに強力だ。

将棋で言うと、側近にあたる駒は「金」。金はディフェンスに欠かせない駒で、「金なし将棋に受け手なし」という格言もあるほどだ。金が玉の近くから離れたり、はがされたりする展開になると、その囲いの落城は近い。

「常にそばにいて、いい仕事をしてほしい」と側近に望むなら、まず自分がリーダーとして恥ずかしくない人間になろう。そして、耳の痛い直言も聞き入れる度量を持つ。イエスマンばかり周囲に置いていては、進歩は望めない。

011

前に出るばかりじゃ能がない一歩引いて部下に任せてみる

「金は引く手に好手あり」守備に専念させる

先日、ドラマ界で一時代を築いた元TV局プロデューサーに話を伺う機会があったのだが、ある時期からゴールデン枠のドラマの決定権をすべて部下に委ね、自分はその後見的立場に回ったという。そして、自分が本当に作りたいドラマを、別の少し遅い枠を使って制作していたそうだ。

管理職は、将棋の駒にたとえると「金」だ。金は銀と違い、1方向、しかも真後ろにしか戻れないので、あまり前線に出ていかないほうがいい。「金は引く手に好手あり」という格言はまさにそれ。守備力に富む金は、下段にどっしり構え、玉の守備に専念するほうがよく働くのである。

同様に、ある年齢になったら思い切って一歩身を引き、後進に仕事を任せてみよう。後継者育成になるし、本来自分がしたい仕事をするチャンスも生まれる。「前向きな後退」を心掛けたい。

012

主力2人＋斬りこみ役2人のカルテットでうまくいく

「攻めは飛角銀桂で」理想的な布陣

仕事をしていく上で、いちばん効率のいいチーム編成を考えてみよう。よっぽどの大きなプロジェクトなら別だが、ちょっとした推進案件のチームを組むのなら、人数は4人ぐらいがちょうどいい。

音楽でも、フルオーケストラとなるとそれなりの設備が必要になるが、弦楽四重奏《カルテット》なら、どんな小さな会場でも演奏ができる。

小回りが利くのは大事なことで、4人ならいちいち会議室を押さえなくても、喫茶店で軽くミーティングができるし、すぐに全員が集まるのも容易。また少人数なので変な派閥も生まれない。

音楽のカルテットのように、仕事でも4人編成のチームは、うまくはまれば、素晴らしいハーモニーを奏でてくれる。

では、どんなメンバー構成が適当か？　エース級のメンバーばかり集めても、現場でフレキシブ

012

ルに動いてくれる先導役がいなければ、結局うまくいかないものだ。

将棋でも、攻撃の際に大きな役割を演じる駒が4つある。「飛・角・銀・桂」だ。

居飛車戦（P183）の場合、右側の銀と桂が突撃態勢を作り、飛車はその背後にどっしり構え、角は左辺からニラミを利かす……こういう布陣が敷けたら、理想的だ。

これだけ攻め駒があれば、攻撃のバリエーションが複数生まれるし、なにより攻めが途切れない。「飛・角・銀・桂カルテット」は、将棋における攻撃の理想型なのである。

これを、仕事のプロジェクトチームに応用してみよう。

まずは主力クラスを2人選び、ツートップ体制を組む。将棋で言うと「飛＋角」だ。

この2人は、対照的な動きをする飛車と角のように、性格も得意分野も異なるコンビがいい。役割がバッティングしないからだ。

ここに、前線で動いてくれる斬りこみ役を2人配置する。臨機応変に動き、真面目に結果を出してくれるタイプと、ちょっとお調子者だけれど、仕事はちゃんとしてくれるタイプ。

将棋で言うと「銀＋桂」。これで仕事版の「飛・角・銀・桂カルテット」が完成だ。

4人それぞれが、自分にしかできない役割を担い、いざというときにはサッと集まって事に当たってくれるカルテット。

少人数のよさは、意思疎通が徹底できる点だ。4人でこまめに会って、進捗状況を報告し合えば、お互いの仕事ぶりを理解でき、絶妙なチームワークも生まれてくる。これこそ、もっとも効率のいいチーム編成なのだ。

藤井聡太
ロジック
②

小5で『竜馬がゆく』読破 趣味は読書でジャンル多彩

ふだん読まない本を読んで視野を広げる

藤井ブームが起こったとき、ひそかに話題になったのが、彼の趣味が「読書」ということだ。しかもジャンルが多岐にわたっており、本のチョイスも個性的なのである。

お母さんが歴史小説好きだった影響で、小学5年生のときに、司馬遼太郎の『竜馬がゆく』（全8巻）を読破。新田次郎の作品も読んでいたそうだ。

旅行記も好きで、沢木耕太郎『深夜特急』をはじめ、村上春樹『遠い太鼓』も愛読。さらに、椎名誠のSF小説『アド・バード』、百田尚樹『海賊とよばれた男』など、読み応えのある本ばかりを、中学生の頃から好んで読んでいたというから驚きだ。

013

本を読むことは、さまざまな人々の人生を疑似体験することでもあり、視野を広げることにもつながるが、もう1つ、読書から得られるメリットは、「ボキャブラリーが豊富になる」ということだ。

29連勝中、藤井七段（当時四段）は勝ったびに、詰めかけた記者団の前でコメントしていたが、20連勝を達成したとき、こう語った。

「本当に自分の実力からすると、〝僥倖〟としか言いようがないと思いますけど……」

「僥倖」は「ぎょうこう」と読むのだが、「思いがけない幸い」という意味。普通の中学生が使う言葉ではないし、大人でも、会話でこの言葉を使う人は稀だ。

そして、通算50勝を達成したときのコメントが、また秀逸だった。

「一局一局指してきたのが、〝節目〟の数字となりました」

「ふしめ」ではない。「せつもく」である。この他「白眉《はくび》の一局」「望外《ぼうがい》の結果」など、彼が何か言うたびに辞書を引いていたマスコミ関係者、実は多いのではないか？

あなたも、「今さら……」と言わず、ふだん読まない本を読んでみよう。語彙が増え、仕事のヒントや人生の指針が見つかるなど、予期せぬ「僥倖」が訪れるかも。

014

外回りの営業マンにも企画立案に加わってもらう

強力な攻め駒を自陣に打つ高等戦術「自陣飛車」

会社員には、内勤タイプと外勤タイプがいて、外回りの営業マンは後者の代表だが、多くの会社を回っている分、内勤組にはない視点と情報を持っている。これを活かさない手はない。

将棋には「自陣飛車」という高等戦術がある。持ち駒に攻撃力の高い飛車があるときは、通常、敵陣に打ったほうが有効なのだが、そこをあえて自陣に打ち、守備的に使うのだ。

敵の攻めを封じるために打つケースが多いが、飛車は縦横に動ける範囲が広い分、守りでも大きな力を発揮する。まとまりがなくスキだらけの陣形が、自陣に飛車を打つだけで一転、スキのない陣形に変わったりする。

飛車が攻め駒、というのは固定観念に過ぎず、自陣の左端に打った飛車の横利きは、右端まで届く。手が極端に長いゴールキーパーがいるようなもので、こんなに心強い守備駒はない。

飛車の強力なパワーで敵の攻め筋を消す「自陣飛車」が打てるようになれば、間違いなく有段者の腕前と言っていいだろう。

同様に、営業マンだからといって、外回りばかりさせておくのはもったいない。ときには企画会議に参加してもらうといいだろう。内勤組にはない視点から、思わぬ発想のヒントを授けてくれたりするからだ。

「今、この業界では、これがトレンドになってますよ」という最新情報や、「この商品、お得意から『もうちょっとダウンサイズできない？』と言われました」といったユーザーの生の声も、彼らを通じてダイレクトに聞くことができる。

常に外部と向き合っている営業マンならではの強みであり、外回りの社員に1人加わってもらうだけで、企画会議は、グッと現実的で実のある内容になるはずだ。

強力な飛車は自陣でも活躍

飛角歩☖

☗角銀歩2

図は、名人経験者で、現在は日本将棋連盟の会長職にある佐藤康光九段の実戦譜より（先手が佐藤九段）。

図の☗7九飛は、持ち駒の飛車を自陣に打ったもので、敵の狙いをすべて消してしまう絶妙手である。

もしこの飛車を打たなければ、逆に相手に☖7九飛と打たれて不利になる。先手は左側の金がうわずった位置にいて、守備に役立っていないのが痛く、後手は飛車や角を自由に打ちこめる状態だ。

ところが、☗7九飛と自陣に飛車を打つことで、飛車・角を打ちこむスキがなくなっていることに注目。

また、遊んでいた8七の金も、飛車との連携で再び活きてきた。

敵が攻めあぐねる間、佐藤九段は着実にリードを広げ快勝。強力な飛車は、自陣に打ってもよく働くのだ。

015

他社も含めて関係各所のキーパーソンにあいさつや根回し

攻め込む前に敵の急所へ「利かしの歩」を入れておく

あなたがもし、社内外を巻き込む大きなプロジェクトを任されたとしたら、まず何を置いてもやらなければならないのが、「根回し」である。「根回しなんて、今の時代に必要ない。プロジェクトの方向性が正しければ、みんな賛同してくれるはずだ」とクールに考えたら大間違いだ。

もし、関係各所のどこにも事前に声を掛けずに最初のミーティングを開いたら、あなたが説明を始めたとたん「俺、聞いてないんだけど」とヘソを曲げる人間が必ず出てくる。

下手をすると「そんなことできるわけないだろう！　協力できないね！」と猛反発を食らうかもしれない。初回からそんなふうに会議が紛糾するようでは、先が思いやられる。

企画には反対しないが、「リーダーのやり方が気に入らない」というだけで、ゴネたりケチをつけたりする人もいるのが現実なのだ。

015

こういった事態は、あなたが事前にあいさつも兼ねて「ご協力をお願いします」とひと言伝えておけば避けられること。

将棋でも、先にやっておくかおかないかで結果が大きく違ってくるのが、攻め込む前に、敵陣の急所へ打っておく「利かしの歩」だ。

相手がその歩を取ることで、相手の陣形が乱れたり、駒の連携が悪くなったり、囲いが薄くなったりすれば、そのあと敵陣に攻め込んだときに、より大きな戦果が得られることになる。

プロ棋士がよく解説で「ここは一歩、叩いておきたいですね」と言ったりするが、持ち駒の歩が1枚減るだけなのだから、打たないと損である。

こういう小技を利かせてから攻められるようになれば、立派な有段者だ。

「根回し」も先に「一歩叩いておく」ようなもので、先のことを考えたら、少なくともあいさつ回りぐらいはしておくほうが賢明である。それでうるさい上司や同僚たちを手なずけられるなら、たいした手間ではないはずだ。

いかにも日本的な慣習に抵抗を感じるのなら、「これは根回しじゃない。スタッフ間のコンセンサス作りをやってるんだ」と考えればいい。

その際、プロジェクト遂行のために動いてくれる現場の人たちに、リーダー自ら「よろしくお願いしますね」と声を掛けるだけで、彼らのやる気は大きく変わってくる。

「アイツはよく気の利くヤツだ。ひと肌脱いでやろう！」と後方支援をしてくれる部署も現れてくるだろう。

ビジネスにおける「利かしの歩」とは、自分のために働いてくれる人へきちんと感謝の思いを示すことだ。それが本当の「根回し」なのである。

016

トイレの清掃員にもきちんとあいさつができる人に

「将棋は、礼に始まり礼に終わる」

あなたの会社やオフィスビルなどには、業務委託を受け働いている外部の人がいるだろう。警備員さん、社員食堂のおばさん、トイレの清掃員さん……あなたは、毎日会社で顔を合わせるその人たちに、ちゃんと声を出してにこやかにあいさつをしているだろうか？

将棋は、対局開始のあいさつ「お願いします」で始まり、投了の合図「負けました」で終わる、「礼に始まり礼に終わる」競技だ。

勝負事とは、「たんに勝った負けただけではなく、相手へ敬意を払うことも重要なのだ」と教えてくれる将棋は、まるで古武道のようでもある。

社内のトイレで清掃員さんに会ったら「いつもきれいに掃除してくれて、ありがとうございます」とあいさつしてみよう。周囲への感謝の念を忘れない人は、必ずいい仕事ができる。

017

無鉄砲な人こそ煮詰まった状況の打開に役に立つ

「香車《やり》」でムリヤリ敵陣突破持ち駒にしておきたい

どんな職場にも、後先考えず無理やり物事を進めようとする人がいる。こういう人は周囲に嫌われていることが多いが、多少独善的なだけなら、その突破力を利用しない手はない。

香車という駒は、まっすぐにどこまでも進めることから「ヤリ」（槍）というニックネームが付いている。最初は端にいるので働きは限定されるが、いざ持ち駒になると、相手の駒を串刺しにしたり敵陣突破に貢献したりと、潜在的な戦闘能力は侮れない。攻撃時はぜひ持ち駒にしたい。

煙たがられる無鉄砲な人間こそ、敬遠しないで味方につけておき、ここぞという場面で力を発揮してもらうといい。なかなか進まない案件を強引に推し進めるには、嫌われ役が必要だ。そういうときに「あなたの出番です」と事を託せば、意気に感じ、いい仕事をしてくれるはずだ。

018

ライバルにも情報をさらけ出すことで成長する

「感想戦」は上達の早道
「読み筋」披露で意見交換

IT業界では顕著だが、最近、同じ業種で働く人同士が、勉強会などのサークルを作り、会社の垣根を越えて情報交換を行っているのをよく目にするようになった。

ひと昔前だと「同業他社の連中と情報交換なんてとんでもない！」と言う人もいただろうが、これはすごくいいことだ。その業界全体のレベルアップにつながるからだ。

とはいえ、ライバル会社の社員を前に、自分が蓄積したノウハウをどこまでオープンにするかは、ちょっと考えどころではある。

もちろん自社の機密には触れないとして、どういう心づもりで勉強会に臨めばいいのか？

プロ棋士の間でも、研究会は昔から盛んに行われている。よくあるパターンは、若手の高段棋士が有望な年下の若手棋士に声を掛け、少数精鋭で行う研究会だ。

018

伝説になっている有名な研究会が、まだ昭和だった1986年、島朗九段が五段のときに始めた「島研」である。

メンバーがすごい。森内俊之九段・佐藤康光九段、そして羽生善治竜王。当時、島五段は20代、他の3人は10代だった。

羽生・森内・佐藤の3人はのちに全員が名人になっており、島九段も年下の若手との切磋琢磨が実って、初代竜王に輝いた。

どこの研究会も、メンバー同士で実戦を指し、最新の戦型について研究するパターンが多い。

プロ棋士は自分以外、全員がライバル。正直に自分の研究をオープンにするだろうか？……というのは素人考えで、研究会では惜しみなく研究成果を披露する棋士が多いそうだ。

それはたぶん科学者と同じで「この形でこの手を指すと先手有利なのか？　後手有利なのか？その真理を知りたい」ということなのだろう。

棋士の、こういう高みを目指す研鑽に対して純粋なところが、私は大好きだ。

研究会以外にも、棋士同士が将棋について語り合う場が、終局後に行われる「感想戦」である。対局中にどんな手を読んでいたか、盤面に現れた以外の手も含め、読み筋を披露し合うのだが、これも変に隠さない棋士が多いそうだ。

この感想戦は非常に有益なので、アマチュアでもぜひ心掛けてほしい。負けた悔しさでそのまま席を立つようでは、敗戦から何も学べない。

冒頭の同業種勉強会も、ライバル会社の社員がその場にいようが、自分のノウハウを惜しみなくオープンにすれば、それを上回る情報が周りから得られるはずだ。

有益なノウハウは業界全体でシェアする。それが発展につながるという意識を持っておきたい。

019

エースだけで仕事は回らない たんたんとこなす人も必要

「歩のない将棋は負け将棋」歩《ふ》切《ぎ》れを避ける

夏の甲子園、第100回記念大会で決勝に進み大きな話題になった、秋田・金足《かなあし》農業高校。エース吉田投手が、地方大会から決勝戦の途中まで1人で投げ続けられたのは、他の8人の固定メンバーが、しっかりバックで支えたからだ。

将棋も、飛車や角などエース級の大駒をただ振り回すだけでは勝てない。小回りの利く歩が持ち駒に何枚かあれば、攻め込む前に敵陣を乱したり、仕掛けるきっかけを作ることができる。

歩が持ち駒にない状態を「歩切《ふぎ》れ」と言うが、攻めが単調になるので、極力避けたい事態だ。まさに「歩のない将棋は負け将棋」である。

会社も同じで、どんなに有能な社員がいても、エースだけでは仕事は円滑に回らない。その周囲に、たんたんと仕事をこなしてくれる補佐役をどれだけ揃えていくかが、本当の勝負なのである。

020

企画をスタートさせる時点でリスクヘッジは済ませておく

「玉」を囲ったら「端歩《はしふ》」を突いて逃げ道を作る

新しい企画を始めるときにまずやっておきたいのは、その企画が動き出したときに想定されるリスクを、あらかじめ取り除いておくことだ。

些細なことが原因で、せっかくの企画がダメになることはよくある。「なぜ先に気づいて、対処できなかったかなぁ……」と嘆いても遅い。

将棋では、左右どちらかに玉を囲うのがセオリーだが、端歩（先手なら1七か9七の歩）は必ず突いておいたほうがいい。

というのは、将来敵に攻められた場合、そこが脱出口になるからだ。端歩を突かずに玉を囲うのは、避難口のない建物と同じである。たった1手が終盤に大きく利いてくるのだ。

同様に、企画を始めるにあたっても、備えあれば憂いなし。予見されるトラブルの芽をメンバー間で指摘し合い、事前に摘み取っておこう。

藤井聡太
ロジック
③

トッププロに「引き分け」号泣した小2の藤井少年

失敗した悔しさを「まあいいや」で済まさない

将棋のトッププロは例外なく、子どもの頃から極端な「負けず嫌い」である。

羽生竜王は少年時代、通っていた東京・八王子の将棋クラブで、格上の大人に角落ちのハンディ戦で負かされ、悔しさのあまり仁王立ちになって相手をにらみつけたという。これは意図的な「羽生にらみ」（P62）だ（笑）。

藤井七段も子どもの頃、これに負けない「負けず嫌い伝説」を残している。

小学校低学年の頃、あるイベントで、谷川浩司九段と二枚落ち（上級者が飛・角抜きで戦

021

う）で指すことになった藤井少年。対局は、谷川九段が圧倒的に有利になった。だが、イベントの終了時間が迫っていたので、谷川九段は気を利かせて「ここで引き分けにしようか？」と提案した。普通の少年なら恐縮して「ハイ」と言うことだろう。しかし、藤井少年は違った。その言葉を聞いた瞬間に、大声をあげて号泣。将棋盤を抱え、泣きわめきながら、対局終了を阻止しようとしたそうだ。

のちに師匠になる杉本昌隆七段が「まあまあ」と中に入って、なんとかその場は収まったが、元名人の谷川九段が、せっかく引き分けを提案してくれたのに、「勝たなきゃイヤだ！」と意地を張る小学生がいるだろうか？

その後、プロ棋士の養成機関である奨励会入りしたときも、当時は母親に大阪まで付き添ってもらっていたが、6連敗して規定により降級したときは、帰途の新幹線の中で、無言でずっと泣いていたという。

「ボクは勝ちたいんだ！」という、勝負に対する強烈な執念。それが強ければ強いほど、将棋は上手くなる。これはどんな道でも同じだろう。

あなたも仕事がうまくいかなかったとき、つい「まあいいや」で済ませていないだろうか？　悔しさをバネにするのは、大人になっても必要なことである。

022

社運を懸けたプロジェクトは社内調整をしっかりと

ガンガン攻める前にガチガチに守る「穴熊戦法」

会社の命運を懸けた一大プロジェクトは、当然ながら、社内の複数の部署が絡んでくる。もし、その先導役に命じられたなら、まずやるべきことは「社内調整」、つまり各部署への根回しである。

いちばんやってはいけないことは、先に一部の人間で決定事項を作り、各部署に「上でこういうふうに決まったので、対応をよろしく」と指示することだ。

このやり方は、ともすると「強権的」という反発を招き、各部署の協力も得られなくなる。いくら会社の将来が懸かっていようと、各部署のトップたちにもプライドがあるからだ。

そこでヘソを曲げられては、社内一丸となって勝負に出られなくなる。これでは戦えない。

そこで参考にしてほしいのが、「穴熊戦法」だ。別掲図のように、玉をいちばん端（振り飛車穴熊なら右端、居飛車穴熊なら左端）まで移動させ、金2枚・

銀1枚も同じく隅に寄せ、ガチガチに守ってから戦うのが穴熊戦法のスタイル。

囲いの名前がそのまま戦法名になっているのは、この囲い自体が、「多少強引でも、ガンガン攻めていきますよ」という意思表示でもあるからだ。

思い切った勝負をする前に、守備をしばらく顧みなくてもいいぐらいに固めておいて、あとは攻撃だけに専念する……というのは一理ある作戦だし、アマチュア棋士に穴熊愛好者が多いのも、狙いがわかりやすいからだろう。

同様に、社運を懸けるほどの大仕事では、まず社内を一枚岩に固めたい。「あなたの協力がなければ、このプロジェクトは前に進まないんです！」と各部署のトップに伝えれば、意気に感じて「面倒は俺たちが引き受けるから、思う存分戦ってこい！」と後方支援を買って出てくれるはず。

攻撃はまず、ディフェンスから始まるのだ。

横からの攻めに強い「穴熊囲い」

5	4	3	2	1	
					四
					五
					六
	歩	歩	歩	歩	七
		金	銀	香	八
		金	桂	玉	九

端の香車が1マス上がり、そこに玉が潜り込んで、金銀3枚を隅に寄せるのが「穴熊囲い」。

玉を右側に囲う振り飛車穴熊を例にとると、その最大の長所は、「玉が遠い」ことだ。

振り飛車でポピュラーな美濃囲いだと、玉の位置は2八だが、穴熊の場合は1九になる。

相手に攻めてこられたとき、先に1マス奥に避難している分、相手の攻めが1手遅れ、これが終盤のスピード勝負で大きくモノを言うのだ。

ただし弱点は、端攻めである。横からの攻めには鉄壁だが、裏口である1筋から攻められると、左側の金銀が壁になって逃げ場がないため、意外ともろい面もある。

堅いからといって気を抜くことがないよう、気をつけたい。

023

細かい損得より よそに先んじて キーパーソンと 緊密な関係を築く

ときには「駒の損得」より「スピード」を優先

新事業を始めるときは、その分野に精通し人脈を持ったキーパーソンをいち早く押さえ、的確なアドバイスをしてもらうことが肝要だ。

その関係作りに多少資金が必要だったとしても、そこは気前よく先行投資をして、いい関係を築いたほうがいい。そこでモタモタしていると、よそに先に声をかけられ、思うような展開ができなくなるからだ。

交渉が難航したときに「あの人に口を利いてもらえば一発だったのに……」と嘆いても遅い。こういう場合は細かい損得よりも、とにかくスピードが勝負なのだ。

将棋も、相手よりも早く玉を詰ますゲームなので、より重要視しなければならないのは駒の損得以上に、スピードである。

もちろん、駒損をすれば相手の戦力がその分増してしまうので、損得勘定は常に考えないといけ

023

ないが、それは序盤から中盤にかけての話。

終盤に差し掛かる局面では、損得度外視で、敵玉に迫るスピードに重きを置くべきだ。

大駒の飛車や角を捨てても、奪った小駒で敵玉を追い詰めることができるなら、そちらを優先するのである。

もっと具体的に言うと……。放っておくと次の手で詰む状態を「詰めろ」と言うが、自分の玉がすぐに詰まない状態なら、相手玉に詰めろを切らさず連続でかけ、「必至」（受けなしの状態）にすれば勝てる論理になる。

また、自分の玉が3手かけないと詰まない場合は、相手の玉に「2手すき」（2手かければ詰む状態）で迫っていけばよく、将棋で言う「スピード勝負」とはそういうことだ。

「多少資金が必要でもキーパーソンと先んじて関係を作ることが大事」と書いたが、「お金がないとダメなのか？」というとそんなことはない。

人間、意気に感じるもので「真っ先に声をかけてくれた」こと自体が重要だったりする。

そのジャンルに誰も見向きもしなかった頃から声をかけるのと、世間でブームになってから声をかけるのとでは、向こうの対応に雲泥の差が生じるのは当たり前の話だ。

これは私が経験した例。売れていないが面白い特技を持つ芸人を、ラジオ番組のゲストに何度か呼んだところ、直後にブームが来て一躍売れっ子になった。だが彼は売れてからも「この番組には恩があるので」と、超多忙なスケジュールを割いて、優先的にその番組に出てくれた。

自分が面白いとか素晴らしいとか思う人物に出会ったら、すぐにひと声かけ、関係を築いておこう。今は無名でも、将来、大きな仕事につながる可能性もあるのだから。

024

バックアップ役を1人置くだけで仕事は順調に回り始める

「金底《きんそこ》の歩　岩より堅し」
金の下に歩で鉄壁の守りに

私はふだん、放送業界で仕事をしているが、基本、どの番組にも「ＡＤ」がいる。アシスタント・ディレクターの略で、ディレクターの補佐だけでなく、雑用全般も引き受けるスタッフだ。

優秀なＡＤが１人いるだけで番組の質は大きく変わる。逆に、優秀なディレクターが何人いても、ＡＤがいなければたちまち番組制作は滞る。

バックアップ役の重要性を教えてくれる格言が将棋にはある。「金底の歩　岩より堅し」だ。

自陣の最下段に打った歩のことを「底歩《そこふ》」と言うが、特に金の真下に打った「金底の歩」は鉄壁の守備力に。敵が飛車を打って攻めてきた場合、金底の歩は防火壁のような役割を果たすのだ。

この金底の歩のように、ディレクターとＡＤに強固な信頼関係がある番組は、内容も面白い。補佐役への感謝の思いが、仕事の質を上げるのだ。

025

対面のやりとりで即決断することが当たり前になるクセを

「10秒将棋」の訓練で瞬発力を養う

仕事相手とやりとりする際、メールだけで楽に処理しようとすると、ニュアンスの違いなどが生じ、かえって時間がかかる。ではどうするか？

将棋もまた、瞬時の判断を要求されるゲームだが、短時間でパッパッと指しこなす訓練として最適なのが「10秒将棋」だ。

秒読み機能付きのチェスクロック（対局時計）を使い、お互い初手から1手10秒以内で指していく。10秒を超えたら、即負け。こういうシビアな設定が、感覚を研《と》ぎ澄《す》ませてくれるのだ。

いちばん話が早いのは、やはり対面交渉だ。いつも交渉に手間取る人は、外回りの日を決め、その日にまとめて面倒な案件を処理するといい。

向こうも貴重な時間を割いているので、さすがにグズグズできず、時間内に即決するクセがつく。加えて、相手の交渉術を盗むのも忘れずに。

羽生善治
ロジック
①

勝負どころで飛び出す「羽生にらみ」の効用

ふだん見せない表情で相手を威圧

羽生竜王が勝負どころで眼光鋭く相手をキッとにらみつける、通称「羽生にらみ」。今はあまり出ないが、若い頃は本人の代名詞にもなった。突然にらまれると、相手はつい萎縮してしまうが、羽生竜王によると、けっして意図的な行動ではないそうだ。

「羽生にらみ」は、読みを極限まで深く集中させたときに出る現象で、盤上を見つめ目まぐるしく動く眼球が、ふと上を向いた際、相手をにらみつけているように見える……というのが真相のようだ。

特に若い頃は、局面を徹底的に掘り下げて読んでいたので、「羽生にらみ」を頻発し、

026

「先輩棋士もにらんで圧倒する」というふうに言われたが、本人は読みに没頭しているので、相手の顔など見えていないし、にらんだ形になったことも覚えていないという。

羽生竜王いわく、「ふだんの自分はおとなしいが、将棋のときは激しい。勝負が決まる直前になってくると、冷静な自分はいなくなってしまう」。

つまり「羽生にらみ」は、極限まで高まった集中力の表れなのだ。

だが、相手に対する威圧感は絶大だ。いつも強面《こわもて》の人物ににらまれても、見慣れた表情なので「ああ、またか」と思うだけだが、ふだん温厚なタイプの人物がキッとにらみつけてきたら、これは相当なインパクトがある。行為自体は無意識だとしても、若い頃の羽生竜王は、このギャップによる効果をうまく利用していたのではないか。

これは、仕事の場でも応用が利く。ふだんおとなしそうに見える人は、時折、意識的に厳しい表情を作る訓練をするといい。相手に「仕事になると、この人はスイッチが入るんだな」というイメージを与え、なめられずに済む。

また、くどくど小言を言っても聞き流す部下には、ふだんは見せない険しい表情でひと言「君には失望したよ……」と言ったほうが、部下は「マズい！」と思うだろう。

一瞬フッと見せる、ふだんと真逆の表情は、ここぞという場面で大きな武器になる。

027

現場仕事を楽しむためにあえて昇進しない道もある

「銀は不成《ならず》に好手あり」斜め後ろを活かす

現場で先頭に立ち、バリバリ仕事をこなしている人も、40代近辺になると現場を退き、管理職としての道を歩むケースが多い。

世代交代を進める上でも、それは自然なことだが、中には「出世なんてしなくていい。自分は現場にいたいんだ」と昇進を拒否する人もいる。

これは、一朝一夕では身につかない高度な技術を持ち、自分の仕事に誇りを持っている職人気質の人に多い。

こういうタイプの人は、管理職にまったく向いていないケースも多く、昇進することがはたしてその人にとって幸せなのかどうか、考えどころである。

将棋でも、成ると駒の「利き」が増える「飛」「角」「歩」は成ったほうが得だが、「銀」「桂」「香」については、必ずしもそうとは言いきれないところが面白い。

027

この3つは成ると「金」と同じ働きになるが、その瞬間、元の利きが消えてしまうからだ。

たとえば、桂が敵陣に突入するとき、桂のままなら両取りがかかるケースでは、金になるより、「不成」で飛び込んでいったほうが明らかに得である。

また銀は、成ってしまうと斜め後ろに引けなくなるので、その働きを温存するため、不成で使うことはよくある。

「銀は不成に好手あり」という格言は、まさにそのことを指しているが、成らずに敵陣で活躍する銀を見ていると、まるで「管理職になったら自由に動けなくなるので、自分はずっと現場仕事でいい」と言っている、やり手中堅社員のようだ。

もしあなたが高度なスキルを持っていて、今後も現場で仕事を続けたいなら、今やるべきことは、ズバリ、後進の育成である。

この道ひと筋タイプの人にありがちなのは、なまじスキルがあるだけに、すべて自分1人でやってしまおうとすることだ。

それでは、次の人材が育たないし、会社からも「自分の評価しか考えない、困った人物だ」と思われかねない。それは、腕が衰えたとき、真っ先に現場から外される理由になってしまう。

「後輩に教えることで、自分の立場が危うくなるんじゃないか」という考えは逆で、自分の持てる技術を出し惜しみせず伝えることで、あなたの評価は上がる。

「彼を現場に置いておくと、優秀な人材を育ててくれる」となったらしめたもの。そうすれば昇進の話が出ても、プレイングマネージャー的な立場で現場に置いてもらえるはずだ。

そもそも、あなたの持つ技術は誰に教わったのか？　「先輩から受けた恩は、後輩に返す」これはどんな世界でも忘れてはならない鉄則である。

028

ライバルに勝つにはまず自分のサポート役を固めていく

厚みで押す「位《くらい》取《ど》り戦法」「位を取ったら、まずその確保」

銀座の高級クラブのママに聞いた話だが、有名なママともなると、自分を目当てにやってくる常連客が1日に何組もいる。必然的に、1つのテーブルについていられる時間は少なくなるが、どうやって不満の出ないように接客するのか？

そのためには、自分がいない間、適切な場つなぎをしてくれるホステスを、どれだけ確保できるかが勝負なのだという。

常連客も、ママが忙しいことはわかっている。だが代役のホステスに適当な会話をされては、せっかくの昂揚した気分も醒めてしまう。では「ヘルプ」に来たホステスはまず何をすべきなのか？

将棋には、「厚み」で押していく「位取り」という有効な戦法がある。盤面の中央＝五段目まで歩を進めれば、相手はその筋（縦のライン）の歩を突くことができなくなり、どうしても陣形が窮屈になってしまう。

この状態を「位を取る」と言うが、たんに歩を進めるだけでは、すぐに反撃されてしまう。
位を取ったら、歩の後ろにすかさず援軍を送り、位をキープすることが大切である。
これと同じで、優秀なホステスは、それまでの蓄積をムダにしない。過去にママと常連客が交わした会話の内容をちゃんと覚えていて、その流れでお客に話を振るのである。ママは戻ったときにスッと話に入っていけるし、お客もずっとママと話していた気分になる。
これが自然にできるホステスを多数抱えている店は客足が減らない。つまり「位の維持」だ。同時にこれは、後継者の育成にもなっている。
あなたがチーフ的な立場なら、見込みのある若手を常に同席させ、ときに代役をさせるといい。
顧客との信頼関係をずっと維持していくには、後継者の育成も不可欠だからだ。

歩で押す「位取り」は2枚の銀も有効に

図は「玉頭《ぎょくとう》位《くらい》取《ど》り」と呼ばれる対振り飛車作戦の1つで、厚みで押す指し手には人気がある戦法だ。

これはあくまで理想型だが、5筋～9筋まで、すべて先手の歩が中央まで進み、位を取っている。

このため、後手は☖5四歩、☖7四歩などを突くことができず（先手の歩に取られてしまう）、圧迫された陣形を強いられることになる。これが位取りのメリットだ。

ここで重要なのは、2枚の銀がスクラムを組んで、しっかりと五段目の歩を支えている点である。

歩だけ威勢よく前に進めても、後ろに援軍が控えていなければ、逆に位を奪われて押し返され、こちらが不利に陥ってしまう。

前に出て勝負するなら、常にバックアップを怠らないようにしたい。

029

ガード役的な人材でも2通りのタイプに役割分担を

守備の「金」「銀」の配置は適材適所で

組織のトップともなると、さまざまなトラブルから自分を守ってくれる優秀な「側近」が必要だ。

だが、ガード役的な人材にも大きく分けて2つのタイプがあり、それを理解した上で役割を与えないと、堅いガードも崩壊しがち。

将棋で玉を守る囲いは、「金2枚」と「銀1枚」の3枚セットで組むのが基本だが、駒の特質を踏まえたベストの配置を心がけたい。

横に利く金はなるべく下段に低く構え、横からの攻撃に対応させるのがよく、逆に銀は上部に据え、上からの攻撃に対応させるのがいい。

ガード役にも、トップといっしょに前面に出て支える「銀」タイプと、表には出ないで陰で支える「金」タイプがいる。くれぐれも、タイプと逆のミスキャストをしないように。

030

八方ふさがりの状況になったらリーダー自ら直談判へ

王将が自ら敵陣を突破する「入玉作戦」

トランプ大統領と、金正恩労働党委員長が電撃的に実現させた米朝首脳会談がいい例だが、状況が八方ふさがりになったら、リーダー自ら打開に乗り出すと、事態が好転することは多い。

将棋にも、玉が自陣を出て、一路敵陣目指して突入していく「入玉作戦」という戦術がある。敵陣は、相手にとっては自陣なので、攻める際に駒が成れず、実は攻めにくい。一方、入玉した側は守る駒も成り放題で、逆に安全なのだ。

意地の張り合いからは、何も生まれない。交渉事が煮詰まり、お互い感情的になってきたときは「ここはリーダー同士、腹を割って、サシで話し合いませんか?」と提案してみるといい。

リーダー自ら相手方に足を運ぶことで、向こうにも誠意が伝わるし、お互い顔を見て話すことで歩み寄りが生まれ、いい関係が築けるはずだ。

羽生善治
ロジック
②

「羽生の手が震えたら勝ち」敵の戦意を奪う「勝利の儀式」

成功したときの〝決めポーズ〟を作っておく

羽生竜王が相手を威圧するさりげない行為は、「羽生にらみ」だけではない。これも今や名物となったが、「指す瞬間、駒を持つ手が震える」のもその1つだ。

これは終盤、羽生竜王が勝ちを読み切ったときのサインとして知られている。

羽生竜王が史上初の永世七冠を達成したあと、日本記者クラブで会見が行われたが、席上、手が震えるときの状況について質問が飛んだ。

羽生竜王の答えは「2つのケースがあります」。1つは、勝ち筋が見えてふと我に返っ

031

たとき。もう1つは、秒読みに追われ、何を指せばいいのか迷ったとき。

永世七冠を決めた竜王戦第5局でも終盤に手が震えるシーンがあったが、あれは前者で、「終局の15手ぐらい前のところで、なんとなく最後までの道筋が見え、それで我に返った、というところです」（本人談）。

つまり、極限まで集中した精神状態が、勝ちが見えて通常の状態に戻る際、張りつめた神経がすぐには元に戻らず、ギクシャクして手が震える、ということらしい。

この「羽生ブルブル」が「勝利の儀式」と周囲に認識されていることは、羽生竜王にとってはプラスである。もしそのとき、実は形勢が微差であっても、相手は「あれ、そんなにこっちが不利なのか……」と、疑心暗鬼を起こしかねないからだ。

あなたも、仕事がうまくいったときには、親指を立てて「イェイ」でも、ウサイン・ボルトのような弓引きポーズでもいいが、なにか1つ「決めポーズ」を作るといい。

すると職場が活気づくし、自分がリーダーの仕事で、周りにもうひと踏ん張りしてほしいとき、そのポーズをとって「よし、ゴールが見えた！」と言えば、同僚たちも「あ、このまま進めていけばうまくいくんだな」とラストスパートする意欲が湧く。

たかがポーズ、されどポーズ。独自の決めポーズで、うまく周囲を鼓舞したい。

032

ギリギリで浮かんでくる「土壇場の直感」はアテになる

「秒読み」での正解は「最初に浮かんだ手」

「火事場の馬鹿力」と言うが、人間、窮地に追い込まれると、思わぬ力を発揮するものだ。

よくあるのが、納期ギリギリになると、自分でも驚くほどのスピードで作業を仕上げてしまうケース。仕事に穴をあけられないという危機感が、集中力を極限まで高めてくれるからだ。

また、切羽詰まった場面では、瞬時の判断力も要求される。たとえば納期が迫っているとき、輸送ルートが遮断され、必要な部品が調達できない、という報告が工場から届いたとする。あなたが責任者なら、どう対処するだろうか？

別の部品メーカーに急きょ発注するのか？ 違うルートで迂回して届けるのか？ あるいはペナルティ覚悟で納期を延ばしてもらうのか……。

どれを選ぶか、緊急事態となると、責任者であるあなたが即決しなければならない場合も出てく

032

る。そんなときは、何を頼りに決断すればいいのだろうか？

持ち時間制の将棋では、指定された時間を消費すると「秒読み」に突入する。

1手1分以内、30秒以内、10秒以内など、考慮時間はさまざまだが、そんな短時間であらゆる変化を読みきれるわけがなく、まさに待ったなしの緊急事態だというわけだ。

こういうときは、通常とはまったく違った決断力が必要だ。「直感」を信じるのである。

つまり、パッと局面を見て最初に浮かんだ手を指してみるのだ。将棋は読んで指すゲームなのに、勘に頼っていいのか？　と思う人もいるだろう。だが、秒読み将棋は「読みの省略」が必要。

実は直感というのは意外とアテになるもので、ギリギリの場面になると、人間の脳は多くの情報の中から本質的に重要なものだけを選択して、意思決定をするようにできているという。

つまり、「第一感」で浮かんだ手というのは、これまでの実戦経験で蓄積された「この形ではこう指す」というパターンを脳がバーッと分析して選んだ「もっとも正しいと思われる手」なのである。

だから、まず第一感の手を読んでみるのは決して間違いではない。もちろん、その判断が間違っているときもあるが、読んでみてダメな場合は、次に浮かんだ手を指せばいいのだ。

この瞬時の判断力は、経験の蓄積と、日頃のトレーニングで磨かれることがわかっている。

プロ棋士が秒読みになっても、何十手も間違えずに最善手が指せるのは、そのいい例だ。

仕事で緊急事態が発生した際も、もしあなたが豊富な経験を積んでいるなら、まず最初に頭に浮かんだ策が最善手の可能性はおおいにある。迷ったら「勘」を信じることも推奨しておきたい。

033

直接口を出さず間接的に人を動かすほうが好結果に

「角」は遠くから打つ手に好手あり

あなたは部下や後輩の仕事に、つい口を出してしまうことはないだろうか？

これは優秀な人ほどありがちなことで、口だけではなく「お前、そんなんじゃダメだよ！　こうするんだ」と代わりに自分でやってしまうケースも多いだろう。

だがそんなことをしたら、彼らは自分で問題を解決する機会を失い、意欲も失ってしまう。

これでは、下の人間は育たない。多少もどかしいかもしれないが、急を要しないときは、黙って見守るのも大事なことだ。

将棋の「角」は、斜め四方向に何マスでも進める威力の大きい駒で、「大駒」と呼ばれるが、会社でいえば能力の高いエース格である。

この角が持ち駒にあるときは、「遠見《とおみ》の角に好手あり」と言って、できるだけ急所から離して打ったほうがいい。遠くからニラミを利かせられるのが角の長所であり、あまり近づけて打つと、逆に敵の攻撃目標にされるケースがあるからだ。遠くから打っておけば、まさに遠隔操作で、攻められているほうは対処がしづらいのである。

同様に職場でも、エースはいちいち前にしゃしゃり出てくるのではなく、離れたところから部下や後輩の仕事ぶりを見守っているほうが、人材も育ち、いい結果が出るはず。

ただ見守るだけではなく、いざ、というときにはすかさず現場に駆けつけ、適切なアドバイスを送ることも忘れずに。そうすれば、下の人間にも感謝され、あなたの株も必ず上がるし、それが人を育てることにもつながる。

また遠くから他人の仕事ぶりを把握することは、仕事全体を俯瞰する訓練にもなる。近くで、あれこれ言うのは、金や銀の仕事。遠くから黙って見守ってこそ、「角《エース》の仕事」なのだ。

防ぎにくい利き「遠見の角」

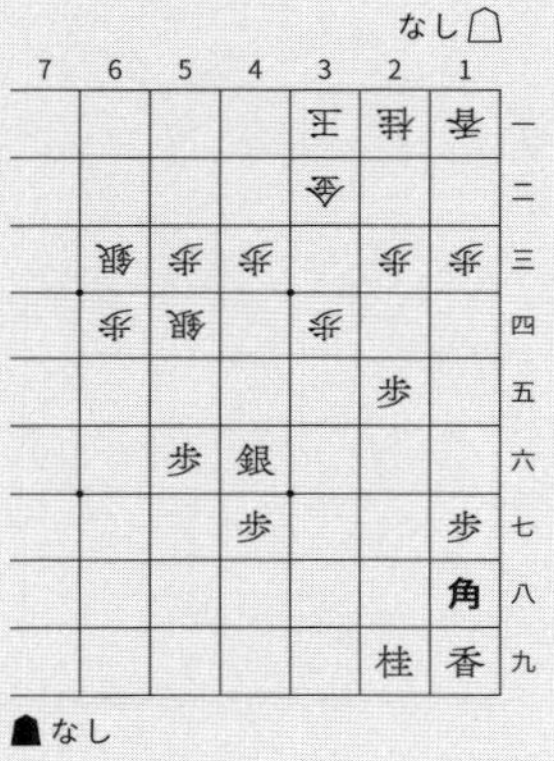

後手の2枚の銀が中央を厚く守っているこの局面。4六の銀だけでは攻めにくいが、ここで手持ちの角を離して打つ☗1八角が好手。

次の狙いは☗5五歩と突くこと。☖6五銀とかわしても、1八に打った角の利きが、遠く敵陣に利しているので、その瞬間☗6三角成と銀を取って成ることができる。

後手は防ごうにも、角が遠く離れたところにいるので対処できない。これが「遠見の角」の威力である。

一見、角が窮屈に見えるが、陰からそっと見守りながら部下をサポートする上司のようで、実に頼もしい。

ただし、角を離して打つ際は、くれぐれも角筋（角が動ける斜めのライン）を間違えないように。1八角を☗5三角成としたら、即、反則負けになるのでご注意を。

034

エキスパートになれば仕事は向こうからやってくる

まずは1つの「戦法」を究める

「器用貧乏」という言葉がある。なまじ何でも器用にできてしまう人は、結局すべて中途半端に終わり、大成しないという意味だ。

最近の社会を見ていると、何でも器用にこなすオールラウンドプレーヤーよりも、一芸に長けた人のほうが明らかに需要がある。それだけ社会のニーズが多様化し、細分化されているので、専門的で深い知識が求められるようになったからだ。

将棋もそうで、いろいろな戦法を覚えようとするよりも、何か得意戦法を1つ作って、そればかり何百局、何千局も指したほうが、絶対に強くなる。実戦での経験は、本では得られないからだ。

少し努力すれば身につく能力など、これからはAIが代行するので、万能型の人は存在価値がなくなっていく。勝ち組になるのは、機械には真似できない深みのある能力を携えた人間なのだ。

035

ふだんフラフラしている社員はフットワークが軽快なもの

「銀は千鳥に使え」
まっすぐよりジグザグに活用

どんな会社にも、机にじっとしていないタイプの社員がいるものだ。さっきまでいたと思ったら、ボードに「寸外」「打ち合わせ NR（ノーリターン）」と書いてどこかに消えている。

こういう人物は「サボリ魔」のレッテルを貼られがちだが、このフットワークの軽さは貴重だ。

「銀」という駒は、１マス前の３カ所と、斜め後ろ２カ所に動ける自在性が特徴。「銀は千鳥に使え」という格言はその機動力を端的に言い表したもので、まっすぐ使うより、ジグザグに活用したほうが、大きな力を発揮する。

フラフラ系の社員は、あちこち出歩いている分、世の中の動きにも敏感だし、社外に意外な人脈を持っていたりする。企画に意見を出してもらう、交渉役を任すなど、遊軍としてのびのび動いてもらうといい。きっと大きな仕事をしてくれる。

036

優秀な部下1人より並の2人を抱えるほうが効率が上がる

「2枚換え」は積極的に「大駒1」を「小駒2」と交換

よく「あの人がいれば百人力だ」などと言うが、いくら優秀な人でも、同じ時間で他人の何倍も働ける人など、世の中にそうはいない。仮にいたとしても、せいぜい5割増しが関の山だ。

あなたがプロジェクトのリーダーに任命され、部下を選べることになったとしよう。実務能力に長けた優秀な中堅社員1人を選ぶか、それとも経験の浅い若手社員2人を選ぶか。あなたなら、どちらを選択するだろうか？

「そりゃ未知数の2人より、使える1人でしょう」と言う人が多そうだ。

将棋には「2枚換えなら歩ともせよ」という格言がある。「2枚換え」とは文字通り、1枚の駒を2枚の駒と交換することで、プロ野球で言えば「2対1トレード」のことである。

一般的には、大駒（飛・角）1枚と小駒（金・銀・

036

桂・香・歩）2枚を交換することを指すが、「歩ともせよ」という意味は、強力な駒1枚より、並の働きの駒2枚を持っていたほうが有利だということだ。

この格言はけっこう深いところを突いていて、たとえば角1枚と桂・香2枚を交換したとする。

角はたしかに大きな攻撃力を発揮するが、成って「馬」になっても、動けるマスが前後左右に4つ増えるだけだ。もともと強力なので、あまり伸びしろがないのである。

ところが、桂と香は敵陣に打って1手動かせば成って金と同じ働きになる。そうなれば、角と金2枚を交換したのと同じことになり、明らかに桂・香2枚を得たほうが得になる。

歩にいたっては、「と金」に成れば動ける箇所が1マスから6マスに増え、なんと6倍の戦力アップなのだ。

前述した選択の話に戻るが、実績のある中堅社員は、たしかに期待どおりの働きをしてくれるだろう。

だが、その社員の能力が10段階評価で7だとすると、仮に実力以上に頑張ったとしても、発揮できる力はせいぜい8か7・5ぐらい。10になることはまずない。今が目いっぱいだからだ。

一方、若手2人は、ともに実力が3ぐらいでも、仕事を任せるうち、5に成長することはザラにある。そうすれば5＋5＝10で、7の社員を大きく上回る戦力になるわけだ。

この可能性に懸けない手はない。部下の伸びしろを見出し、大きく成長させるのはリーダーの仕事であり、それはあなたの評価にもつながる。

「もっと使えるヤツはいないのかよ？」といつもボヤいているリーダーは、嘆く前にまず、自分の指導力のなさを反省することから始めよう。

羽生善治ロジック ③

ドン底の時期から復活 史上初の「永世七冠」達成

追い込まれたときこそ「一気に飛躍」の絶好機

2017年12月、第30期竜王戦で、渡辺明・前竜王を4勝1敗と圧倒。実に15年ぶりのタイトル奪還を果たした羽生竜王。これで竜王位は通算7期となり、「永世竜王」の称号を獲得。すでに持っていた6つの永世称号と併せ、史上初の「永世七冠」に輝いた。この快挙達成は一般のニュースとしても大きく報道され、国民栄誉賞を受賞するきっかけにもなった。

しかし、一見、バラ色に見える羽生竜王の2017年だが、決してそうではない。むしろここ10年間でもっともつらい「苦難の1年」だったのだ。

037

2017年を迎えた時点で、羽生竜王が持っていたタイトルは「王位・王座・棋聖」の3つだったが、20代の若手棋士たちの挑戦を受け、苦戦を余儀なくされる。

6月に始まった棋聖戦では、斎藤慎太郎七段を3勝1敗で退けたが、7月に開幕した王位戦では、平成生まれの菅井竜也七段に1勝4敗と完敗を喫し、さらに9月からの王座戦では、中村太地六段（当時）に1勝3敗で敗北。三冠→一冠に転落したのだ。

保持するタイトルが1つだけになったのは13年ぶりのことで、これまで退けてきた若手に立て続けにタイトルを奪われたことは、相当にショックだったはずだ。

しかし、そこで落ち込まず、10月からの竜王戦に照準を合わせ、この棋戦で分の悪かった渡辺前竜王相手に快勝、みごと復位を果たしたのである。

ニュースでは、永世七冠達成という快挙ばかりが取り上げられ、直前の苦しい状況についてはほとんど報道されなかったが、実は「ドン底からの復位」だったのである。

王位戦、王座戦で早々と敗れたことで、逆に竜王戦に専念できるというメリットもあった。気持ちを切り替えてタイトル奪取に集中し、大きな果実を手にした羽生竜王。

ピンチに陥ったときこそ、その状況をポジティブに捉え、前を向くべきなのだ。追い込まれたときこそ、むしろ一気に飛躍するチャンスなのである。

038

相手が強引な手法で来たら時間を置いて対処する

「飛車・角・香」を近づけて受ける「中合《ちゅうあい》」の術

交渉相手が、やたらと強引なアプローチを仕掛けてくるケースはよくある。

特に、初めて取引する相手がひと筋縄ではいかなそうなタイプだったたら、要注意だ。

たとえば商談で、「これから長いお付き合いになりそうですし、次の取引では、この価格でお願いできませんか？」と大幅な値引きを要求してきた場合、どう対処したらいいだろうか？

こういうとき、「いやあ、それはちょっと……」と口ごもっていると、「あなたの一存で決められないなら、なんでこの場にいるんですか？」などとたたみ込まれ、向こうのペースで交渉が進み始めたり……。ではどうすればいいのか？

将棋には「中合」という手筋がある。

飛・角・香などで遠くから王手をかけられた際、その途中の地点に合駒（ほとんどの場合が歩）を打ち、いったん相手の駒を呼び寄せてから受けるテ

038

クニックである。

つまり、ワンクッション置くことで、対処しにくい遠くからの攻めを緩和するわけだ。

たとえば2八にいる玉に、遠くから☖2一香と王手をかけられたとしよう。ここでたんに☗2七歩と合駒をすると手番は向こうに回るが、いったん☗2六歩と中合をし、☖同香に☗2七歩と打てば香取りになり、主導権がこちらに移る。

これは、駒を近くに呼び寄せた効果である。

「中合」でワンクッション置く呼吸は、強引な相手との交渉事にも応用できる。さきほどの大幅な値引きを強要されたケースでは、相手にこう言ってみるといい。

「わかりました。検討してみますので、いったん持ち帰らせてください」

「検討してみます」と言っているのだから、その時点では断っていないし、「持ち帰る」＝「あなたの要望を呑めないか、上司に掛け合ってみる」という意味なので、向こうも文句は言えない。

重要なのは、たとえあなたに交渉の全権が委ねられているとしても、流れが向こうにあると感じたら、その場で物事を決めないことだ。

いちばんまずいのは、言質《げんち》を取られることで、「さっき、その値段でいいっておっしゃいましたよね？　約束をすぐ反故《ほご》にするんですか？」とたたみ込まれたら最悪である。

「ここですぐに答えは出せないな」と思ったときの「いったん持ち帰らせてください」は、カドも立たず時間も稼げる、実に便利な言葉である。

稼いだ時間で社内の知恵も借り、今度はこちらから逆に提案をすれば、相手にすんなり主導権を渡さずに済む。

困ったら、ワンクッション置いて立て直す。それが交渉上手になる秘訣である。

039

得意先とトラブルになったら新たな企画を持っていく

不利になったときは別なところでも戦いを

もし仕事で、得意先との間にトラブルが起こった場合、あなたはどう対処するだろうか？　とりあえずひたすら謝り、事を荒立てないようにするのが無難な策だが、それではただ借りを作ったようなもの。今後、負い目を感じながら仕事をすることになるので、あまり感心しない。

将棋で不利になったときも、ひたすら耐えているだけでは、そのまま押し切られてしまう。そういう場合は、あえて戦線を拡大してみるといい。別なところでも戦いを起こすのである。するとと、相手の注意がそがれ、局面がややこしくなる。そうなれば逆転のチャンス到来だ。

トラブル処理では、ただ謝るのではなく、新たな企画を持参し、「これで挽回させてください」という前向きな姿勢がほしい。そうすれば、雨降って地固まるで、今後もいい関係が続くだろう。

040

飲み会で所在なさげな人は話しかけると心を開く

「浮き駒」を狙え駒同士の連携を高める

大人数の飲み会に行くと、誰にも話しかけられず、ポツンと1人、所在なさげにしている人をよく見かける。

その飲み会に知り合いがほとんどいない場合、よっぽど社交的でなければ、どうしてもそうなりがちだ。自分から知らない人に話しかけるのは、けっこうエネルギーのいる行為なのである。

そんな「飲み会ポツンさん」は、将棋で言えば「浮き駒」だ。他の駒との連携が途切れ、戦いに参加しておらず、敵に狙われやすい駒のことである。

将棋では、この浮き駒を極力なくし、駒同士の連携を高めていくことが重要である。

飲み会の席で「ポツンさん」を見かけたら、迷わず話しかけてみるといい。向こうも救われた気持ちになるだろうし、退屈から救ってくれたあなたには、すぐに心を開いてくれるはずだ。

041

細かい気配りのリスクヘッジがプロジェクト成功への近道

将来「取られそうな駒」は事前に逃がしておく

自然災害が起こるたびに思うのは、ふだんから最悪の事態を想定しているかどうかで、受ける被害が大きく変わってくるということだ。

企業でも、地震や水害で工場が稼働できなくなったとか、道路が寸断されて製品が運べない、といったアクシデントは起こりうること。

また、自社が被害を受けていなくても、取引先のメーカーが壊滅的な被害を受け、部品の供給が止まったら、製品が作れなくなってしまう。

そんなとき、事が起こってから真っ青になっても遅い。平時から万一のときのルートを作っておいたり、どうリカバーするか考えておくことは、災害大国ニッポンにおいては喫緊の課題なのだ。

将棋でも細かいリスクヘッジは重要だ。

たとえば盤面の端にある桂や香は、敵の飛車や角が侵入してきた際に取られてしまい、相手の攻め駒として使われる危険性が高い。

だが、侵入されてから逃げるのでは遅く、こちらも攻めないといけないので、かわしている暇などないのが現実だ。

このとき、序盤の駒組みの際に、たとえば香を1マス前に進めておいたり、桂を跳ねておくことが大きな意味を持ってくる。

たとえば、相手の角（2二角）が自陣のいちばん奥に侵入してくる場合、左端の香（9九香）が取られてしまうが、先に逃がしておけば、相手は香を取るのに、余分な1手をかけなければならない。その間、こちらは1手早く敵陣を攻撃することができる。この差は大きい。

同様に、平時にちょっとした備えをしておくことで、損失を未然に防ぐこともできる。あなたの会社は、書類の棚と天井の間に転倒防止のストッパーを挟んでいるだろうか？　くり返すが、災害が起こってから動いても遅いのである。

逃がしておけば 香1枚分得する手

なし☖

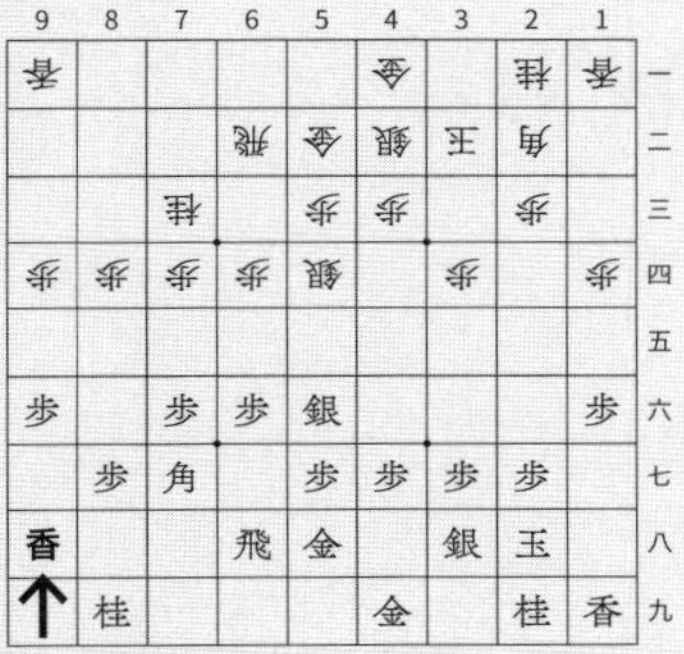

☗なし

振り飛車の戦いで、プロはもちろん、アマチュア上級者でもよく見られる手が、この「☗9八香」だ。

なぜこの場面で香を1つ前に進めるのか？　これは先を見据えた手で、たとえばこの図から後手が☖8五桂☗8六角☖6五歩と、先手の角を移動させてから攻めてきた場合、☗6五同歩と取り返すと、2二の角の利きを遮るものがなくなり、☖9九角成とダイレクトに成りこまれてしまう。

このとき、香が元の位置のままならついでに取られてしまうが、先に逃げてあるので、☖9九角成とされてもただの「カラ成り」。駒損《こまぞん》を避けることができる。

つまり☗9八香の一手で、先手は香1枚分、得したことになるのだ。こういう何気ないリスクヘッジが自然とできるようになれば有段者だ。

042

難攻不落の相手は「裏側」からアプローチすると有効

「穴熊」は正面から攻めず裏口の端から攻める

ふだん、表舞台に出ることを避けている人が、突然メディアに登場して驚くことがあるが、某FM局に作家の村上春樹氏が出演し、初のラジオDJに挑戦したのは、放送・出版業界を騒然とさせたサプライズだった。なにせ村上氏は、表に出ない大物作家の筆頭格だったからだ。

村上氏は音楽好きで有名だが、家に溢れかえっているレコードを一人占めして聴いていることを申し訳なく思っていたという。音楽の話なら喜んで……と出演を快諾したそうだ。

「その手があったか！」とホゾをかんだ人たちも多かったが、これは村上氏の音楽好きな部分に直接訴えかけた、FM局関係者の熱意のたまもの。いち放送人としては「やられた！」である。

将棋で、正面から攻めるとなかなか落城させるのが困難なのが「穴熊」である。

なにせ、隅に潜った玉を、金銀3枚ががっちり

042

とスクラムを組んで守り、鉄壁の布陣を敷いているのだ。攻略するには、この金銀を1枚1枚はがしていく必要があるが、いずれにせよかなり時間がかかる。

ところが、ここで発想を変えて、裏口から攻める筋がある。「端攻め」である。穴熊は隅にガチガチに囲っているので、端から攻められると、金銀3枚が壁になって逃げ場がないのだ。

そこに目を付け、角・銀・桂・香を（場合によっては飛車も）端に集中させて攻撃を仕掛けると、意外にもろくも崩壊することがある。

特に金2枚は、端の守備にまったく関与していないのが痛い。最強のディフェンダーも、端攻めをされるとただの「邪魔者」だ。

このように、攻撃のポイントをちょっと変えてみるだけで、敵駒の評価が180度変わってしまうのが、将棋の面白さであり、怖さでもある。

穴熊攻めのように、一見困難なミッションも、発想を根本的に変え、攻略の糸口を違うところに求めることで、すんなり成功するケースがある。

たとえば、簡単にブッキングできない大物アーティストや有名人に仕事をオファーしたい場合、どうしたらいいのか？

私の仕事上の経験から言うと、そういう大物は総じてチャレンジ精神が旺盛なので、そこに訴えかけるのが得策だと思う。冒頭の村上春樹氏のケースはまさにそれだ。

ダメ元で頼むと、ムチャ振りに近いオファーでも喜んで引き受けてくれることはけっこうある。

私がいまだに忘れられないのは、1999年9月深夜、東京のホテルから名古屋に向けて放送した中日ドラゴンズの優勝特番に、忌野清志郎さんがホラ貝片手に駆けつけてくれたことだ。

愛するもののためなら、夜中でも駆けつける。大物は、情熱的なオファーを待っているのだ。

043

安易なセオリー依存は危険 自分の頭でも考えてみる

「定跡《じょうせき》を鵜呑みにするなかれ」丸暗記は意味がない

「こういう場合は、こうしなさい」というセオリー本や、『○○必勝術』のようなマニュアル本をやたらと信奉する人がいる。考える時間が節約できて楽かもしれないが、安易にセオリーに頼ってばかりでは、本当の決断力は育たない。

将棋にも「定跡」というセオリーがある。「本に書いてある手」というヤツだ。定跡を覚えるのは大事だが、一手一手の意味を考えず、ただ丸暗記してもまったく意味がない。

もし相手が途中で本に載っていない手を指してきた場合、対応できなくなるからだ。「定跡を鵜呑みにするなかれ」である。

大事なのは、まず自分の頭で考えてみることだ。なぜセオリーはそうなっているのか？　別なことをしたらどうなるのか？　と常に疑問を持ち、その意味を考えることが成長に直結する。

044

とっておきの企画を温め過ぎると絶好のチャンスをロスすることに

「まだ早い」ぐらいが絶好の「仕掛け時」

いつか時期が来たら実現させようと長年温めてきた、とっておきの企画があるとする。ロングスパンの企画の場合、ここぞ、というタイミングを待つのは大事なことだが、絶好機というのは、えてしてアッという間に過ぎてしまうものだ。そして時機を逸すれば、温め抜いたその企画は、ただの「時代遅れ」になってしまう。

将棋も、いつ仕掛けるかは重要な問題だが、駒組みがある程度整っているのなら、「まだ早い」ぐらいが、実は絶好の仕掛けどきなのである。そうすれば、敵の意表も突ける。態勢が整わないのに仕掛けるのは論外だが、完璧な布陣を組んでいるのに攻めないのは、さらに論外。

長年温めてきた企画は、多少フライングして世に出しても、決して拙速にはならない。投資の格言ではないが「まだは　もうなり」なのだ。

045

出向先で揉まれてきた社員が社内に戻ればよき見本になる

「馬は自陣に引け」成った角は金銀3枚の守備力に匹敵

子会社や関連企業に出向した社員は、戻ってくるとビックリするほど逞しくなっていたりするものだ。

出向先で、これまでの仕事のやり方が通じないことがよくある。そうなると、慣れない職場に飛び込んだ後に一から人間関係を構築し、仕事の進め方も自分で考えなければいけない。そんな厳しい環境が人を育てるのである。

また、そうやって揉まれた社員は、出向先で新たなスキルやノウハウを身につけているはず。

他流試合で、自社では得られない経験を積んだ社員に戻ってきてもらうことは、会社にとっても大きなプラスになる。チームリーダーに抜擢するなど積極的に登用して、他の社員に刺激を与える存在になってもらうといい。

将棋では、敵陣で成った角（馬）を、守備駒と

045

して自陣に引きつける（戻す）ことがよくある。「馬は自陣に引け」という格言だが、通常の金銀3枚の囲いに馬が加わると、少々のことでは崩れない鉄壁の守備陣形ができあがる。

角は縦横に動けないが、馬に成って戻ってきたら前後左右にも1マスずつ動けるので、小回りも利く。これは金銀3枚分の働きに相当し、馬を引いた囲いは、金銀6枚で守っているのと同じということになる。こんなに心強いことはない。

と同時に、大駒である馬は、自陣にいながらにして、遠く敵陣にも「利きを及ぼす」ことができる。つまり、自陣を守りながら、攻撃にも加わることができるのだ。

サッカーにたとえると、自陣から敵陣へ超ロングのキラーパスが出せるディフェンダー、といったところだろうか。

もし敵陣に角を成りこんで、あまり使い途がないと思ったら、自陣に引きつけてみるのも手だ。その守りの堅さに相手は辟易することだろう。

よそで経験を積んできた出向社員を自社に戻すことは、まさに自陣に馬を引きつけるようなものだ。戻ってきたら、「外から見たわが社」について忌憚のない意見と改善案を聞くといい。社内改革につながる提案をしてくれることだろう。

また、そういう社員はぜひ「攻め」にも登用してもらいたい。

出向先で学んだノウハウを活かして新規事業の立ち上げを任せるのもいいだろう。また、いざとなれば再び敵陣へ入って攻撃に参加する「馬」のように、長期の海外出張など、さらに大きな任務を与えてもいい。

外の世界で揉まれてきた社員の突破力は、社内組にとっても、よき見本となるはずだ。

羽生善治
ロジック
④

趣味であるチェスも名人級 全国大会で優勝経験も！

自分の専門ではないが近いことにチャレンジ

常に対局で多忙な羽生竜王だが、対局がないときに、かなり本腰を入れて取り組んでいる「趣味」がある。なんと……将棋に似た「チェス」！

「西洋将棋」とも呼ばれるチェスだが、ルーツは将棋と同じく古代インドの「チャトランガ」だと言われている。取った駒を使えないことと、盤のマス目の数（8×8）は違うが、「ルーク」は飛車、「ビショップ」は角と動きが同じなど、共通の要素は多い。

羽生竜王は1996年、史上初の「7大タイトル独占」を達成した年にチェスを始め

046

た。当時26歳。かなり遅いスタートだが、ただでさえ多忙な対局の合間をぬってトレーニングを積み、2年後には全国大会で優勝したというから驚きである。しかもその大会の日は、タイトル戦で防衛を果たした翌日だったのだ！

もちろん、手を読む力など、もともと普通のアマチュアとは比べものにならない能力を持っているので、短期間で国内トップクラスの実力を身につけても不思議ではないが、将棋とは別の思考回路が要求されるので、並大抵のことではなかったはずだ。

さらに、国際大会にも出場。片道半日以上かけてヨーロッパにも遠征するが、これももちろん、タイトル戦の合間をぬっての出場である。将棋の国際普及も兼ねているのだが、なぜ羽生竜王はそこまでして、チェスに打ち込むのだろうか？

おそらくそれは「新しい感覚」を身につけたいからだろう。ゲーム性は将棋に近いが、少し違う感覚が必要なチェスを究めることによって新しい発見が生まれ、将棋を指すとき、それまで浮かばなかった思考パターンで手が読めるようになるのかもしれない。

あなたも、もし仕事で英語を使っているのであればスペイン語も勉強してみるとか、アパレル会社勤務なら和服について研究してみるとか、自分の専門分野に近いものを新たに学ぶことは、本業にとってもプラスの効果をもたらすはずだ。

047

いいアイデアが浮かんでも固執せず違う発想もしてみる

「三間飛車《さんげんびしゃ》」「四間飛車《しけんびしゃ》」自由に軌道修正の「振り飛車」

いい企画が浮かんだとき、すぐ実行に移したくなる気持ちはよくわかる。だが、いったんまとめた企画を別の角度から見直してみたり、「こういうやり方はできないかな?」と違う発想をしてみるなど、柔軟性を持つことが、企画のさらなるブラッシュアップにつながる。

将棋の攻めにおいて柔軟性のある戦法は、「振り飛車」(P182)である。長所は、相手の出方に応じて、いくらでも軌道修正できるところだ。

たとえば、振り飛車でいちばんポピュラーな「四間飛車」を例にとると、相手が7筋(左から3番目の縦ライン)から攻めてきたら、飛車を☗7八に。

また、居飛車側の飛車がいる8筋(左から2番目の縦ライン)から仕掛けてきたら、今度は☗8八に飛車を移動させる。

このように振り飛車は、相手の手によって四間飛車が三間飛車になったり、「向かい飛車」になっ

047

たり、臨機応変に変化できるのが特徴なのだ。

戦いが起こっている筋へ飛車がサッと移動することで、敵の攻めをいなしつつ、スキあらばすぐカウンター攻撃に移ることが可能。そんなところも振り飛車の魅力の1つだ。

「四間に振った飛車はずっと四間で通したい」とこだわるタイプの人は、そもそも振り飛車ではなく、「居飛車」の将棋を指したほうがいい。

振り飛車の有名な使い手というと真っ先に思い出すのは、故・大山康晴十五世名人だが、実は若い頃は居飛車党だった。だが年齢を重ねたある時期から突如、振り飛車党に転向したのである。

その理由はいろいろあるが、体力で上回る若手棋士たちと、相居飛車の激しい将棋を指していたらやられてしまうという危機感もあったようだ。

その点、振り飛車なら、若手の攻めをいなすのに最適で、中盤まで互角に渡り合えば、あとは経験値で勝てると踏んだようだ。

この方向転換がみごとに当たり、若き日の加藤一二三九段、故・二上達也九段(羽生竜王の師匠)など若手の精鋭たちは、ことごとく大山流振り飛車の厚い壁に跳ね返されていった。

大山十五世はその後、通算18期にわたって名人位を保持したが、形にこだわらず勝負にこだわった棋風は、まさに振り飛車にぴったりだった。

自分のスタイルにこだわりを持つのは大事なことだが、そのやり方をいつまで続けることができるかは、シビアに客観視しないといけない。

プロ野球でも、若い頃に速球派で鳴らしたピッチャーが、年齢を重ね、変化球主体の打たせて取るピッチングに変わっていくことはよくある。

方針転換は、別に恥ずかしいことではない。長く第一線で活躍していくには、そういった柔軟性を持つことも必要なのだ。

048

新規のプロジェクトはひと呼吸置いてから実行に移す

「桂馬」は狙った場所からあえて離して打て

「急《せ》いては事を仕損《しそん》じる」ということわざがある。新しいプロジェクトを始めるときにありがちなのは、発案者の思い入れが強過ぎて、まだ実行段階ではないのに拙速に動いてしまうこと。これは失敗に終わるケースが多い。

せっかくの斬新なアイデアも、生煮えのまま提案に向かっては、ダメ企画の烙印を押され、そのまま葬り去られることにもなりかねない。動かし始める前に、ひと呼吸置いて練り上げることも、また大切なのだ。

将棋にも、似た意味合いの格言がある。「桂馬は控えて打て」だ。

桂馬という駒は、他の駒をピョンピョン飛び越えていく跳躍力がある代わりに、後戻りができない。ゆえに持ち駒の桂馬を打つ場合は、戦いの最前線に直接投入するよりも、できるだけ後方に打つように。しかも急所の1つ手前に打ち、「スキあらば跳ねるぞ」と相手にプレッシャーを与えるほうが有効、という含蓄のある格言だ。

特に、桂馬を打ちたいところに相手の駒がいて打てない場合、その地点を狙って一歩前の場所に「控えて打つ」作戦はたいへん有効である。

また、桂馬は左右2方向に跳ねることができるため、守る側は、わかっていても両方を一度に防げないから、よりやっかいだ。

要するに、飛び道具である桂馬は性急に使うのではなく、ひと呼吸置いて、急所に狙いを定めてから使ったほうが威力を発揮する、ということだ。

新規プロジェクトも同じことで、うまくいけば大当たりしそうな企画ほど、動き始める前に一歩引いた視点から、その企画をあらためて見直してみるといい。そうすることでターゲットが明確になり、より訴求力の高い企画にブラッシュアップできるはずだ。

控えて打つ桂馬の威力

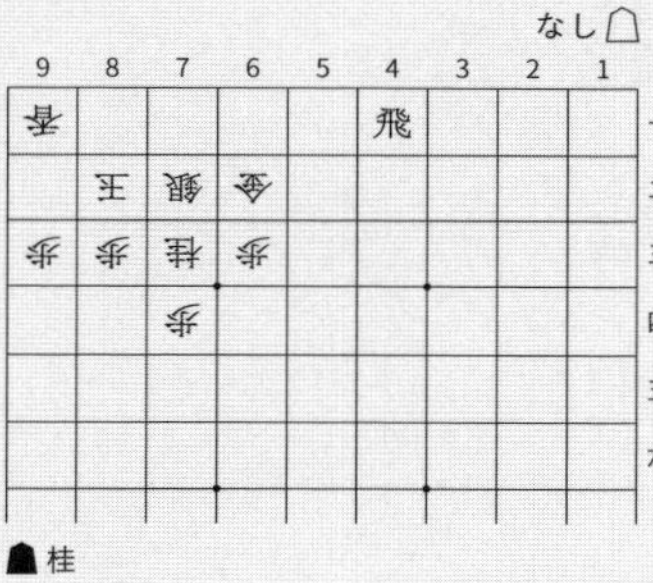

持ち駒の桂馬をどこに打って攻めたら効果的か？　というこの局面。

パッと目につくのが、6二の金を直接狙って、☗5四桂と打つ手だ。だが☖6一金と引かれると、さらに攻める手段がない。

ここは7四の地点が急所で、そこには後手の歩がいるが、この歩がなければ☗7四桂と打って王手金取りがかかる。ならば、次にこの歩が取れる位置に「桂馬を控えて」打てばいい。

正解は☗8六桂（または☗6六桂）。後手は次の☗7四桂がわかっていても防ぐのが難しい。

先に☖6一金とかわしても、☗7四桂☖9二玉☗6一飛成☖同銀☗8二金で詰んでしまう。

あえてひと呼吸置いて打つ桂馬の威力、おわかりいただけただろうか。

049

同時に対処できない問題はあきらめるほうをシビアに選択

「飛車・角両取り」両方一緒には逃げられない

ダブルブッキングがいい例だが、同時に複数のトラブルが発生した場合、どうあがこうとすべてを丸く収めるのは難しい。いちばんマズイのは、両方なんとかしようとして、結局どちらも解決できないことだ。どちらをあきらめ、どちらをフォローするか？　シビアに判断したい。

将棋で飛車・金両取りをかけられた場合、初心者は何も考えず、飛車を逃がしてしまう人が多い。現在の戦況において、本当に飛車が必要なのか？守りの金が取られたら、すぐ必敗の状況に陥らないか？　そこを冷静に考えたい。

得意先と新規客、ダブルブッキングをして、新規客を優先した人がいる。得意先は長年の付き合いがあり、平謝りすれば済む。だが新規客を怒らせたら、そこで関係は終わる……トラブル処理に必要なのは、こういう前向きな判断力なのだ。

050

「この話は危ない」と感じたら早めに撤退する準備を

「玉の早逃げ」は後で何手もの得になる

こんな世知辛いご時世でも、やたら景気のいい話を持ちかけてくる人はいるものだ。

その際、その人物がいくら仲のいい間柄でも、どの程度のリスクを負わされるのか、それに見合うリターンはあるのかをクールに聞き出すべきだ。そこで具体的な説明ができなかったり、「大丈夫、あなたに損はさせませんから」などと言う人は要注意。ノーリスクのビジネスなどないからだ。

「玉の早逃げ　八手の得」とは、相手が本丸に攻めてくる前に、玉を早めに安全な場所へ逃がしておけば、攻められてから慌てて逃げだすより何手もの得になる、という格言だ。

ビジネスで言う「早逃げ」とは、今、関わっている案件を一歩引いて客観的に見つめ、採算が合わないとみたら、傷が浅いうちに撤退する勇気を持つことだ。ならばその損失は「授業料」で済む。

加藤一二三
ロジック
①

タイトル戦の旅館で注文「庭の滝を止めてくれ」

交渉事ではあえてムチャな申し出という手も

「ひふみん」の愛称で、今やバラエティタレントとして、番組やイベントに引っ張りダコの加藤一二三九段……「1239段」ではないので、気をつけてほしい……。

藤井七段のおかげで、加藤九段が14歳7カ月でプロデビューという最年少記録を持っていたこと（史上初の中学生棋士である）はわりと知られるようになったが、プロ棋士の格付けを決める順位戦で、C2（四段）→C1（五段）→B2（六段）→B1（七段）→A（八段、名人挑戦を争う最高クラス）と4年連続昇級。一度も足踏みせず、18歳でA級棋士になったのは、将棋界の長い歴史の中でも、加藤九段ただ1人である。

051

当時「神武以来《じんむこのかた》の天才」と呼ばれたことは、ぜひ覚えておいてほしい。

加藤九段は、現役時代からエピソードに事欠かない人だが、バラエティ進出に伴い、そのうちいくつかが「ひふみん伝説」として世間一般にも伝わるようになった。

代表的なものが、「対局場の庭の滝を止めた」という逸話である。

これは本当の話で、本人も認めているのが、箱根の旅館でタイトル戦を戦ったときのこと。前日に対局場の下見をした際、庭に人工の滝が流れているのを見て「考慮の妨げになるので、止めてもらえますか？」と従業員に頼んだそうだ。

あれこれ言う人もいるが、「最高の将棋を指すために、ちょっとでも妨げになるものは極力排除しよう」という考え方は、プロ棋士として筋が通っている。

20歳で大山康晴名人に初挑戦し、敗れてから22年後の1982年。加藤九段は、中原誠名人との七番勝負に勝って、悲願の名人位に就いた。滝は止めても、いい将棋を指そうという情熱を止めなかった加藤九段に、将棋の神がプレゼントをくれたのである。

あなたも、とことん納得のいく仕事をしたいなら妥協は禁物。ムチャとわかっていても、あえて申し出てみるといい。理由のあるムチャ振りは、大きな実を結ぶはずだ。

052

打ち合わせは自分のペースで駆け引きには乗らない

ベテランらしいしぶとい「盤外戦術」に注意

仕事の段取りや、内容を詰める「打ち合わせ」。あなたはいつも、どのような段取りで打ち合わせを設定しているだろうか？

よく「ご都合のいい時間に、ご指定の場所に伺います」と相手にスケジュール設定を委ねてしまう人がいるが、もし立場が対等なら遠慮せず、自分の希望を言うべきだ。

「あ、この人は自分から主張してこないタイプだな」と判断され、仕事のイニシアチブまでも奪われかねないからだ。

初めて出向く会社の会議室で、知らない人たちに囲まれ、向こうのやり方で進む打ち合わせは完全にアウェーで、つい腰が引けてしまうものだ。

だが、自分の会社に近い行きつけの喫茶店で、同僚にも同席してもらって、いつものブレンドを片手に「ここのコーヒーは豆の挽き方が特別なんですよ……」と言いつつの打ち合わせならば、リ

052

ラックスして自分のペースが貫ける。

もちろん、相手方にも出向くのが礼儀だが、先に自分の流儀を示しておけば、アウェー環境でも臆することなく、自分のやり方が通せるはずだ。

ゆえに、初めての相手と仕事をする際、初回の打ち合わせは相手任せにせず、自分のテリトリーで行うのが理想的である。


将棋には「盤外戦術」というものがある。対局を自分のペースで進めるために、盤面以外の部分でも策を講じることだが、これをタイトル戦で駆使したのが、大山康晴十五世名人だ。

タイトル戦は通常、旅館やホテルで泊まりがけの対局になるが、大山名人は対局前夜の宴会で、さっさと食事を平らげると、まだ飲みたい人がいてもお膳をすべて下げさせ、記者や同行の棋士たちを相手に麻雀を始めるのが常だった。

つまり、戦う前から対局場を自分のペースで仕切ることで、場の雰囲気を「大山優位」にし、相手をアウェー環境に追いやったのである。若い挑戦者たちは、みなこの手にやられていった。

今はそこまでする棋士はいなくなったが、対局中の食事はいつも同じものを頼んだり、マイペースを崩さない棋士は多い。ベストを尽くすためには、自分の土俵で戦うことが重要なのだ。


打ち合わせの際、相手が百戦錬磨のベテラン社員だった場合は、大山流の「盤外戦術」のように、「目上に合わせるのが当然でしょ」と、向こうの流儀を押し付けてくる場合がある。

もちろん、相手への敬意は必要だが、向こうのペースに合わせ過ぎないことだ。

「すみません。お話はわかりますが、うちはこういうやり方でやってますので」と主張するところはする。そのひと言が言えるか言えないかで、仕事の成果は大きく変わってくる。

053

ラフなミーティングでは積極的に中央の席に座ることが自分の成長に

「5五の位は天王山」中央を制すれば戦いを制する

会議の際、自分はどの席に座るべきか？　そのポジション取りは、重要な問題である。

大勢が参加するフォーマルな会議の場合、座り位置は役職などで自ずと決まってくるが、問題はブレストや、ラフなミーティングの場合だ。

あなたは会議が始まる直前に部屋へ行って、空いた席になんとなく座っていないだろうか？　そんなことでは、残念ながら成長は見込めない。

将棋には「5五の位は天王山」という格言があるが、「5五」とはすなわち、81マスある将棋盤の中心を指す。ここに歩を進め「位を取る」ことで、その1局の主導権を握る、という考え方だ。

会議の場合も同様で、もし主体的に参加したいなら、迷わず中央の席に座ってもらいたい（リーダーが中央に座る場合は、その隣の席）。そうすることで、以下のようなメリットが生まれる。

①発言の回数が増える

端の席にいると、つい他のことを考えたり、スマホをいじったりしてしまうが、中央に座れば全員の視線が注がれ、黙っていると非常に目立つ。したがって、嫌でも発言せざるを得なくなる。

②他人の意見をしっかり聞ける

中央の席は、両サイドから意見が浴びせられるため、フラットに他者の意見が聞けるようになる。「どの席でも同じじゃないの？」と思うかもしれないが、端の席だと、反対側の端にいる人の声が遠くなり、つい聞き流してしまうものだ。

③会議の主役になれる

毎回中央に座っていると、不思議なもので、あなたが会議の主役のような雰囲気が醸成される。これが大きい。自ずと、下手な発言はできないと勉強するようになり、人間としての格も磨かれる。

「自分はまだ若造だし、中央なんて……」という遠慮は無用。堂々と真ん中に座ってしまおう。

「中飛車」では特に重要な中央の「位」

位取りについては、P66でも述べたとおり、敵を上から押さえこみ、厚みで勝負しようという戦術だが、特に中央で戦う中飛車の場合、盤面中央の「5五」の位を取ることは大きな意味がある。

図は中飛車の戦いの一例で、飛車先にある5五の歩が、そのすぐ下にある5六の銀と協力して、5筋（中央のタテのライン）を制圧しているのがおわかりいただけるだろう。

後手は陣形が窮屈になっており、このあとの駒組みも限定されるが、のびのびした陣形の先手は、理想型に組んでから戦うことができる。戦いの主導権を握った先手が、すでに1本取った感じだ。

戦術に応じて、戦いの肝となる場所をいち早く確保することが、戦況を有利に導くのである。

054

人の心をつかむには常に相手の考えの先を見通す

「3手の読み」をさらに進めて「5手の読み」に

今目の前にいる相手が何を考え、何を望んでいるのか先回りして察知し、本人に言われる前に行動を取ることは、人の心をつかむために非常に大切なことである。

特に、女性に対してさりげなくそういう行動が取れる男性は、ほぼ間違いなくモテる。

そういう人になぜ相手の考えが先にわかるのか聞いてみると、よく返ってくる言葉がこれだ。

「簡単ですよ。相手の立場になってものを考えればいいんです」

……だが、この言葉をストレートに受け取ってはいけない。女性心理をよくわかっていない人が「こうすれば女性は嬉しいんだろうな」と考えて行動しても、それは男の勝手な妄想であり、女性にとっては迷惑千万な行為だったりする。

相手によかれ、と思って取った行動のせいで女性に嫌われてしまう悲劇は、よくあることだ。ど

054

ちらも相手のことを考えて行動しているのに、モテ男君と、モテない君の違いは何だろうか？

将棋の入門書を読むと必ず書いてある言葉が「まずは『3手の読み』を心掛けましょう」だ。

「①次にこう指す→②対して、相手がこう来る→③そこでこう指す」……これが「3手の読み」。

この2手目を読む行為は、まさに「相手の立場でものを考える」である。これが難しい。

そこで自分に都合のいい手しか読んでいないと、相手に違う手を指され、「エッ？……」となる。さきほどのモテない君と同じだ。

3手の読みに慣れたら、次は「5手の読み」にチャレンジしてもらいたい。

相手の手を2度読むことになり、読む変化のパターンも一気に増えるが、相手の立場になって考えることも将棋の面白さの1つだからだ。

女性の気持ちがわかる男性とわからない男性の決定的な違い……それは、「相手のことを理解しようと真剣に思っているかどうか」である。

相手を理解しようと努めれば、観察力も研ぎ澄まされ、いろいろなヒントが目に入ってくる。

「なぜ彼女はさっきから、携帯ばかり見ているのか？　よく見ると自撮り画面……でも写真を撮っていない……あ、メイクを直したいのか！」

そのことに気づけば「ちょっとトイレに行ってくるね」と席を外す、気の利いた対応ができる。

なぜ彼女はメイクを直したいのか？……それを考えるのが「5手の読み」だ。仕事場のデスクに戻って、また周囲の人たちへの観察眼と洞察力を発揮してもらいたい。

相手のことを尊重し、自分勝手な読みを排除して、次の行動を先回りして考える……将棋を指していれば、自ずとモテ要素も身につくはずだ。

055

パワポを覚えても「説得する言葉」を磨かないと心には届かない

「定跡」を覚えるよりもまず「寄せ方」を学ぶ

パワポ（PowerPoint）全盛時代である。どの会社にも「パワポ職人」と呼ばれる社員がいるものだが、大事なのはプレゼンの中身だ。

いくらきれいな図や表が作れたとしても、肝心の中身がスカスカでは、まったく意味がない。

将棋も、いろいろな戦法の本を買って、ひたすら定跡を覚えようとする人がいるが、本気で強くなりたいのなら、定跡よりも「寄せ方」。終盤戦によく見られる、寄せの手筋を学んだほうがいい。

定跡のおかげで得た優勢な局面も、寄せ方を知らなければ、決して勝利にはつながらない。

パワポの技術を磨いても、ただレイアウトが美しいだけの企画書は、相手の心に響かない。

あなたが磨くべきは「他人が動く気になる言葉」。胸に響く言葉があって初めて、整然とした企画書はパワーを携えるのである。

056

周囲のサポートをスパッと絶ち1人で企画を立ててみる

あえて「玉」を囲わず戦う「居玉《いぎょく》戦法」

いつも、優秀な部下や補佐役に囲まれているリーダーは、つい「資料出し、やっといて」「さっきの企画、ペラ1（紙1枚）にまとめといて」が口グセになりがちだ。

それが彼らの仕事なのだが、なんでも人任せにしていると、自分で汗をかく感覚を忘れてしまう。

将棋は玉を囲って戦うのがセオリーだが、ときに超急戦の将棋で、玉を最初の位置（先手なら5九）に置いたまま、いっさい囲わずに戦うケースがある。これを総称して「居玉戦法」と呼ぶ。

居玉のままでも、金銀2枚が両脇に付いているので、意外と守備は堅かったりするものだ。

あなたがリーダーなら、ときには企画立案から資料出しまで、すべて自分の手でやってみるといい。自ら汗をかくことで現場感覚の衰えを防げるし、血の通った、いい企画が生まれるだろう。

057

成功しても油断せずセールスポイントを重ねて強調

「勝ち筋」が見えたらまずひと呼吸置く

他社と競合するコンペで、プレゼンに勝ってその仕事を手掛けることになった場合、そこで安心してはならない。喜ぶのは、最後まで仕事をきっちり完了させてからだ。

プレゼン段階では、とにかく仕事を取ることが最優先なので、つい内容を「盛って」しまったりもするが、その盛った分は、成果としてきちんと反映させなければならない。

本当の戦いは、取ったときから始まるのだ。

将棋も、「勝った」と思った瞬間が、実はいちばん危ない。

こういうときについ気が緩み、「もうどうやっても勝ちだ」とヒョイと指した手が大悪手で、一気に形勢逆転……というのは、過去、将棋界では何度もくり返されてきたパターンである。

勝ちが見えたとき、強い指し手はすぐに次の手を指さず、必ずひと呼吸置いてから指す。

057

プロ棋士の場合、勝ち筋が見えたら必ずトイレに立つ人もいるが、「敵玉を寄せきるまでは、勝ちじゃないんだ」と知っているからだ。

アマチュアでも、「よし、勝った！」と思ったらまずは冷静に局面を見直してみよう。

なんとなく「勝ち筋」が見えても、このままどんどん攻めていっても大丈夫か？　カウンターを食らう危険性はないのか？　自陣も含め再チェックしてみるといい。

気を緩めるのがなぜ危険なのか？　敗色濃厚な相手は、なんとか逆転の目はないか、盤上全体を目を皿のようにして見ているが、「もう勝ちだ」と油断すると、手を読む力が半減してしまう。

そうすると、相手の勝負手に気づかず、指されてから慌てるという事態が起こる。8対2ぐらいの差があった形勢が6対4ぐらいに縮んだら、アマチュアレベルでは逆転されるケースが多い。

「なんでこんなことに……」と後悔しながら指していては、「いったんは負けていた将棋だしな」と開き直っている相手には勝てないのだ。

くり返すが将棋は「相手玉を詰まして、初めて勝ち」なのである。

プレゼンで獲得した案件も、仕事を完璧に仕上げた時点で、初めて勝ったと言える。

特に、プレゼンの際にPRしたセールスポイントは、しっかり反映させておきたい。

「なんだ、口だけでたいしたことないじゃないか」と思われたら、次の指名はかからない。むしろ、プレゼンの5割増しぐらいの仕事を心がけたいものだ。

「さすが、言うだけのことはありますね！」と相手を唸らせれば、次はコンペではなく、直接指名を受けることもあるだろう。勝負は、仕事を受けたあとに決まるのだ。

加藤一二三
ロジック
②

昼夜2食「うな重」を40年！ その狙いは「決断力の温存」

決めることを減らすルーティンの確立

加藤九段の現役時代の逸話＝「ひふみん伝説」は、とにかく数多い。

棋士は、旅館・ホテルで行うタイトル戦の番勝負以外は、東京か大阪の将棋会館で対局を行う。プロの将棋は通常、朝から晩まで指すため、昼食と夕食の2回、出前を頼むことになるが、加藤九段はなんと40年間、昼夜共に「うな重」を注文し続けたのだ。

「なんで昼夜同じメニュー？」「さすがに飽きるでしょ？」とつい考えてしまうが、これは将棋に集中するために、加藤九段がたどり着いた「最善手」なのである。

棋士は対局中、さまざまな決断を迫られる。「今日の食事、何食べようかな？」という

058

どうでもいいことに、1日2回もムダな決断力を使うのは得策ではない。毎日昼夜、同じものを頼むのが合理的だ……という発想だ。

健啖家の加藤九段、もちろん、うな重以外にも好物はあり、当初、鍋焼きうどんを頼んだこともあった。しかし冷ますまでに時間がかかり、すぐに食べられないことから、対局中の食事には向かないと判断。スタミナもつき、長い対局を乗り切るのに最適と、延々とうな重を食べ続けたのである。

代金もすぐ支払えるよう、背広の左右のポケットに、昼食分と夕食分をあらかじめ入れていた。周囲がどう思うかは関係ない。自分の理想の将棋を指すために「初手・うな重、2手目もうな重」が最適だと思えば、それを押し通すのが「ひふみん流」なのだ。

そして、この「昼夜うな重」が知れわたってしまったため、引退後、イベント出演時に、主催者が気を使って必ずうな重を出してくれるそうだ。加藤九段いわく……。

「うな重は、引退とともに卒業したんで、はっきり言って困ります（笑）」

あなたも、本来仕事に注ぐべき決断力を、余計なことに使ってはいないだろうか？

決め事を減らすことは、無用なストレスを避けることにもつながるという学びだ。

059

パターン化された思考は地雷を踏む判断ミスのもと

「プロの将棋では王手飛車をかけたほうが負け」

進学塾でよく受験生に教えている「解法パターン」。問題の傾向を細かく分類し、「こういう問題はこうやって解きなさい」というものだ。たしかに似たような問題が出たときは、そのパターンにのっとって答えを導き出せばいいので、受験生にとっては楽なのだが、それに頼ってばかりいるのは考えものだ。

なぜなら、解法パターンを使って解いた問題は、自分の頭で解き方を見つけていないから。

本来、受験勉強で磨くべきなのは思考力であり、自分で答えを導き出す力。学校側も、志望者がどのくらい自力で物事を考えられるかを知りたいから、入試を行うのである。

解法パターンばかりをどんどん叩きこみ、入試さえ通ればそれでよし、という教え方では、仮に合格できても、入学後、その学生は伸びない。

社会に出たら、解法パターンのような便利なも

059

のはないのだし、A社と仕事するときはこのやり方が正解でも、B社と仕事するときは絶対にNG、といったトラップはしょっちゅうある。

思考がパターン化していると、そういうときに地雷を踏むことになる。

将棋でも、書店に行くと「この形ではこう指す」という定跡の本がたくさん並んでいるが、たとえそれを丸暗記したところで、「次の手を自力で考える力」は向上しない。

今、角を打てば王手飛車（＝王手飛車取り）がかかる局面があったとする。「王手飛車は、必ず飛車が取れるので絶対有利」というのが常識だが、そのパターン思考で、喜んで王手飛車をかけにいくと、実は相手の思うツボだったりする。相手がある程度の実力者なら、すでに王手飛車は読みの中に織り込み済みの可能性が高いのである。

つまり王手飛車をかけたら、相手が有利になる手順が準備されている、と考えるべきであり、「プロの将棋では、王手飛車はかけたほうが負け」とはそういう意味だ。

将棋の思考力を磨きたいなら「次の一手」のような実戦即応型の問題集を解いたり、自分ならどう指すかを考えながら、プロの指した棋譜を盤に並べてみるのもいいだろう。そして何より、実戦をどんどん指すことだ。

今の中学・高校入試で出題されている問題を見ていると、受験生にその場で考えさせるタイプの問題が増えている。自分の頭でものを考える人材が、世の中でも求められている証拠だ。

子どもの思考力を養いたい、という親御さんは、ぜひ将棋をやらせてみるといい。定跡を離れたあとは、すべて自分の頭で次の手を考え、複数の駒をマネジメントしないといけないのだ。将来どんな道に進んでも役に立つことは間違いない。

060

大胆な企画はすぐに提出せず手元でみっちり練ってから出す

後戻り不能な「桂馬」は調子に乗ると「歩のえじき」

十分練った、とっておきの企画は、温め過ぎないほうがいいが、エッジが立った大胆な企画が浮かんだら、すぐに提出せず、冷却期間を置いてから出したほうがいい。

「それ、今思いついたんだろ?」とボツにされる可能性が高いからだ。

生煮えの企画を慌てて出し却下されるのは、将棋で言うと「桂馬の高跳び　歩のえじき」。桂馬を調子よくピョンピョン跳ねさせると、その瞬間は痛快だが後戻りができない。二の矢が継げなかった場合、桂の弱点である正面から歩を突かれるとあっさり取られてしまう。これは痛い。

思いついた瞬間は「画期的だ!」と思っても、翌日、冷静な頭で企画を見直すと、必ずアラが見えてくる。そこでもうひとひねりすれば、思いつきと感じない、実現可能な企画になるはずだ。

061

ベタな会話を心がけると相手に好感を持たれる

「寄せは俗手で」かっこよさは不要

「初対面の相手には、気の利いた会話を心がけよう」などと簡単に言うが、人の心をつかむ気の利いた話題など、そんなにあるものではない。ではどんな会話を心がけると、相手に好感を持たれるのだろうか？

将棋には「寄せは俗手で」という格言がある。敵玉を仕留めるのに、なにもかっこよく決める必要はない。俗っぽい手でベタに迫っていくほうが、確実に包囲網を築けるのである。

初対面の相手にも、中途半端にエスプリの利いた会話などより、ものすごくベタな会話をしたほうが話が弾む。

「カラオケでいつも、何を歌います？」「今、どんなドラマ観てます？」など、話を振られたほうが何も構えずに答えられる俗っぽい話題がいい。それこそが「気が利いた会話」なのである。

062

自分にプラスにならない会合の日には先に「勉強会」を入れておく

急所はお互い同じ「敵の打ちたいところに打て」

会社でそこそこのポジションに就くと、「ちょっとこのパーティに顔出してくれませんか？」など、どうしても付き合いで出席しなければならない会合がよく発生する。

もちろん、こういう集まりに顔を出すのも大事なことだが、顔つなぎにばかり熱心になって肝心の仕事がおろそかになるのであれば、まったくの本末転倒だ。「パーティ名人」に未来はない。

ここで参考になるのが「敵の打ちたいところに打て」という将棋の格言だ。相手が手駒を打ちたい場所に、先に自分の駒を打ち、それを阻止するという戦術である。

「敵の打ちたいところ」とは、すなわち急所であり、こちらの急所は、相手にとっても急所になることが多い。その重要ポイントを先に押さえておくことが大事なのである。

「この会合に出てくれませんか？」と聞いてくるのは、先方があなたをキーパーソンだと認めている証しなので、むげにはできない。

「いやあ、私、ちょっと用事がありますので」ぐらいの断り方では、逃げきれないケースもあるだろう。

　そこでおススメしたいのは、向上心のある仲間と定期的に「勉強会」を開くことだ。仕事関連のスキル向上を目指す研究会でもいいし、本業と直接関係ない「読書会」でもいい。

「あ、その日は私、勉強会の日ですので……」と言えば、先方も「それじゃ仕方ないね」と納得するだろう。これならカドも立たない。

　大事なのは、仕事の時間以外に「自分磨き」の時間をちゃんと確保しておくことだ。出なくていい会合に惰性で出ている人と、その時間を自分のブラッシュアップに充てた人とでは、のちのち、とてつもなく大きな差が生じるのだ。

先手と後手の どちらにも急所

　お互い、桂馬を持ち合っている局面。急所は3六の地点だ。

　先手は、後手に☖3六桂と打たれてしまうと王手がかかる状態で、後手の持ち駒が増えた場合、いきなり詰まされるおそれがある。

　これでは思いきって攻めることができず、いずれにせよ、このキズを放置したままでは勝ち目はない。

　ここでは☗3六桂と「敵の打ちたいところに打つ」のが好手。

　この手は、敵の狙う☖3六桂を物理的に阻止すると同時に、☗4四桂と王手金取りに跳ねる手を狙っているわけだ。

　この桂跳ねを防ぐには、☖3三玉と上がって、大将自ら守備にあたるしかないが、その瞬間、玉の守りが不安定になる。3六の地点は、後手にとっても急所なのだ。

063

「無気力社員」に見えても適役に据えると思わぬ成果が

隅で働いていない「遊び駒」を戦いに加える

見るからに覇気がなく、仕事をする気がなさそうな「無気力社員」と呼ばれる人がいる。「お前、なにグータラしてるんだ！」と怒鳴りつけたところで、「はぁ……」と返ってくるだけで行動は何も改善しないだろう。

だが、こういう無気力社員は本当に能力がないのか？　あなたの部下にそんなタイプの社員がいたら、なぜやる気がないのか詰問するのではなく、「君はふだん、何に興味があるの？」と軽く探ってみるといい。

こういう社員は意外と、周囲が気づかない秘めた能力を持っている場合があるからだ。そこにスポットが当たる仕事を与えてみると、一転「やる気満々社員」に変貌するかもしれない。

無気力社員は、将棋で言えば「遊び駒」だ。

その名のとおり、戦いに貢献していない駒のことで、たとえば、窮屈な位置にいて力を発揮でき

063

ていない飛車や角、攻めにも守りにも利いていない金銀、隅に置き去りになった桂馬……。

戦っているうちに、どうしても遊び駒は生じてしまうものだが、ひとたびこれを有効に使えるとなれば、大きな戦力アップになる。遊び駒の活用は、将棋の重要なテーマの1つだ。

まず目を向けてもらいたいのが、隅のほうでくすぶっている駒である。

特に端にいる桂馬は、いったん使いそびれてしまうと終局まで動かずに終わることもあるが、その機動力を考えると、もったいない話だ。

たとえば、8九の桂をポンと7七に跳ねてみるだけで、スキあらば6五→5三へと、さらにジャンプするぞ、というブラフになる。

また、端に成りこんだ角が、馬になったまま戦いに参加せず、ずっと遊んでいるのもよくある図だ。成った大駒が遊ぶのは、実にもったいない。

こういう場合は、まず馬を中央に引けないか考えてみよう。急所に引いた馬は、攻防に大きな力を発揮するので、戦況を変える一手になる。

無気力社員も、プライベートでは見違えるようなバイタリティを発揮していることがある。

ある会社で、ふだんはボーッとしているのに、昼休みになると急に活き活きし始める社員がいた。

実はこの社員、会社周辺のランチのある店をほぼすべて制覇し、メニューの詳細をブログに綴って、しかもランチマップまで作っていたのだ。

その噂を耳にした上司は偉かった。「お前、こんな暇があるなら仕事しろよ！」と叱るのではなく「すごいな！　他の街のも作ってみたら？」と提案。それが事業に発展し、その社員はコンサルタント的な立場で大活躍したという。

どんな人にも長所がある。部下の意外な能力を見落としていないか、再チェックしてみよう。

加藤一二三
ロジック
③

対局中に相手の背後に立ち後頭部越しに手を読む！

誰かの仕事を代わりにやると違った視点が

加藤九段が対局中、よくやっていた行動の1つが「相手の側に立って盤面を見る」。自分が見ている側と逆の視点から局面を眺めることで、戦況の見え方はまったく変わってくるし、相手の戦略もよく見えるという効果がある。

プロ棋士は頭の中に将棋盤を持っているので、現在の局面を脳内で180度ひっくり返して、相手側から考えることはたやすいことだ。しかし、加藤九段はそうではない。実際に立ち上がって相手の背後に回り、盤面を覗きこんで、手を読むのである。

064

後ろで手を読まれると、当然相手はやりにくいし、マナー上どうなのかという意見もあるが、けっしてルール違反ではない。私なら気が引けて、相手が席を外しているときにしかやろうと思わないが、加藤九段はここが勝負どころと見ると、やおら立ち上がって、相手の背中越しに手を読んだ。

これもまた、最高の将棋を指そう、という一本気の表れであり、相手および周囲にどう思われるかは、加藤九段にとっては二の次なのである。

このエピソードにちなんで、ニコニコ生放送の将棋中継で生まれたのが、進行中の現局面の盤面映像を天地180度回転させて見る「ひふみんアイ」である。この名称はすっかり将棋用語として定着。加藤九段本人もお気に入り。ちなみに、歌手としてデビューしたときの曲のタイトルも「ひふみんアイ」だった。

あなたも、いつもと違った視点から仕事をしたいと思ったら、たとえば同僚がやっている仕事を、代わりに引き受けてみてはどうだろう？　そうすれば見える景色が変わり、新たな気づきや新しい発想が浮かぶかもしれない。

また日常生活でも、男性は奥さんがやっている家事を1日引き受けてみるといい。「ひふみんアイ」は夫婦円満にも有効なはずだ。

065

交渉事ではイニシアチブを握るためにどんどん提案

「先手先手の攻め」で局面の主導権をキープ

交渉事で大事なのは、主導権を握ることだが、そのためには、ただ希望だけ伝えるのではなく、こちらからどんどん、実のある提案をしていくことだ。向こうも何かリアクションせねばならず、提案を出し続けている限り、交渉のイニシアチブは常にこちら側に。

将棋ではよく「先手先手で攻める」という言葉を使う。この先手は「先に指す手」ではなく、「相手が対処しないといけない手」という意味。

その逆が「後手に回る」だ。「後手後手の対応」という言葉は一般でも使うが、特に将棋はスピード勝負であるから、先手先手で攻め続けることが、そのまま勝ちに直結するのだ。

提案をぶつける際は、相手にとってメリットが大きい案件も、必ず入れておこう。そうすれば他の提案もスムーズに通ったりするものだ。

066

ひと筋縄ではいかない相手には有無を言わさずたたみ込む

手強い相手には「急戦」で一撃必殺を狙え

仕事で、百戦錬磨の相手と交渉を進めるときは、決して向こうのペースに巻き込まれてはいけない。うかうかしていると、すべて相手方に有利な条件で手を打つことになってしまう。

将棋でも、自分よりかなり強い相手と指す際には、持久戦は避けたほうがいい。じっくり指していると、実力差が出やすいからだ。

本気で勝ちたいなら、迷わず急戦を仕掛けることをおススメする。がっぷり四つに組むより「一撃必殺」を狙うほうが、勝つ可能性は高くなる。

急戦の場合、うっかり指し手を間違うと一気に敗勢に陥るので、相手もそう好き放題はできない。とにかく出だしが勝負、主導権を奪うのだ。

同様に、タフな交渉相手には、初対面のときが肝心。強い口調でこちらの言い分を伝え、有無を言わさずたたみ込もう。気合負けは禁物だ。

067

ミスをどうリカバーするかがのちのち自分の財産になる

「悪手」を指した直後こそ考えどころ

どんなに優秀な人でも、ミスはつきもの。人間は間違いを起こす生き物なのだ。

起こってしまったことを悔やんでもしょうがない。大事なのは、ミスをしたあと。それをどうフォローし、穴埋めをするかが肝である。

当然、ミスにより直接迷惑をこうむった人たちがあなたを見る目は厳しくなる。その怒りに向き合うのは正直しんどいことだが、そこで目をそらしてはいけない。自分がまいた種なのだ。

そのときに、こちらに落ち度があるのだから低姿勢になるのは仕方ないが、気持ちだけは決してネガティブにならないでほしい。

前向きに、「よし、失敗分を取り返してやるぞ」ぐらいの強い気持ちでいれば、逆境を乗り越えるパワーも自然と湧いてくるはずだ。

将棋でも、とんでもない悪手を指してしまい、

067

一気に形勢が悪くなることがある。

　そこで「どうしようどうしよう……」とパニックに陥った頭で指すと、余計に状況を悪化させかねない。まずは落ち着いて、冷静な目で現在の局面を見直してみることだ。

「今の不利な形勢は4対6なのか、3対7なのか？」「そのマイナスを挽回するには、いったん守ったほうがいいのか？　それとも攻めるのか？」などを、焦りを鎮めた頭で冷静に考えてみよう。

　同時に、ぜひやってほしいことは、「相手が突かれたくないウィークポイントを探す」ことだ。

　人間、思いがけず状況が有利になると「このリードを失いたくない」と考えてしまい、つい気持ちが守りに入ってしまうものだ。

　そんなとき、ひそかに気にしていたウィークポイントを突かれると、非常に不安な気持ちになってくる。

　そうなったらしめたものだ。そこを突破口にたたみかければ、流れはまたこちらに戻ってくる。

　くり返すが、悪手を指したことを気にして下を向いていては、絶対に逆転のチャンスなどやってこない。悪手を指したときこそ、前を向くのだ。


　仕事でミスをした場合も同じで、誠心誠意謝ったあとは、ポジティブな気持ちに切り替え、まず失地回復の糸口を探してみよう。

　そこで真剣な姿勢を見せることが、信頼回復の第一歩になる。そしてプラス要素になりそうなことは、とにかくなんでもやってみることだ。

　ミスによるマイナス分が完全に埋まらなくても「次の機会に、埋め合わせをさせてください！」と伝えることで、先方も「じゃあその、次とやらに期待してみるか」という気持ちになる。

　ミスをしたときこそ、周囲との絆を深め、あなたの評価を上げるチャンスと捉えよう。

加藤一二三
ロジック
④

1手になんと7時間も長考！「将棋は深い」と悟る

1つの案件を突きつめると世界が開ける

盤上の真理追求をモットーとする加藤九段は、現役時代「長考派」の代表としても知られていた。序盤から1手に何時間もかけることは珍しくなく、終盤に入る前に、持ち時間を使いきることもよくあった。

だが加藤九段は逆に、「1分将棋の神様」とも呼ばれており、全盛期は早々と秒読み状態に突入しても、1分以内で何十手も指し続け、しかもほとんど間違えなかった。

そんな早指しの能力があるなら、序盤や中盤はもっとパッパッと指せばいいのに……とも思うが、そういう手抜きができないのが加藤九段の性分なのである。

068

すごい長考の話で有名なのは、1974年のA級順位戦で、加藤九段は序盤の1手に4時間10分も考えた記録が残っている（結果は加藤九段の勝ち）。

だがこれよりもっと長く1手を考えたこともあった。1968年、全盛期の大山康晴名人がタイトルを持っていた十段戦（現在の竜王戦の前身）に、加藤九段が挑戦。20歳のときに名人戦で初挑戦して以来、大山名人にはタイトル戦で5度挑戦し、すべて退けられていたが、今度こそ奪取を、と心に誓って臨んだ第4局。

十段戦は2日制で、1日目は大山十段が封じ手（次に指す手を盤上で指さず紙に書き、相手にわからないよう封筒に入れ、対局再開時に開封するシステム）とした。加藤九段は1日目終了後、持ち時間以外のところで5時間考え、対局再開後もさらに2時間近く長考。合計7時間を費やして絶妙手を発見した。その手が決め手になり、第4局を制した加藤九段は、その後、第7局まで至るフルセットの激闘の末、初めて大山十段を下し、念願の初タイトル「十段位」を手に入れたのである。

このとき「将棋は深い……」と悟ったという加藤九段。あなたも、1つの仕事をとことん深く突きつめてみるといい。新たな世界が目の前に開けてくることだろう。

069

トラブルの火種はパッと見気づかないところにある

うっかり見落とすと命取り「角筋」にご用心

仕事上のうっかりミスは誰にもあることだが、見積書など数字関係のミスは、へたをすると巨額の損失を招くこともあるので、絶対に避けたいところだ。

これは笑い話で済んだ例だが、上司にコピー用紙の発注を頼まれ、ついケタを間違えて発注。社内に「コピー用紙ピラミッド」を築いてしまった知人がいる。

Webで何でも頼めるようになったことで、人を介しての発注だったら起こりえないミスも起こるようになった。便利になった半面、トラブル発生のリスクもまた、高くなったのである。

以前、ある証券会社の担当者が「61万円で1株売り」という発注をしようとしたところ、入力欄を取り違え「1円で61万株売り」というとんでもない発注をしてしまい、400億円以上の巨額の損失を招いたことがあった。

そんな単純ミスで、会社の年間利益が吹っ飛ぶ

069

するることが肝心だ。

のだから恐ろしい。何度も確認を怠らないように

することが肝心だ。

将棋にも「うっかり負け」はよくあって、いちばん多いのが「二歩《にふ》」だ。すでに味方の歩がある筋に、もう1枚歩を打ってしまうことで、これは打ったその時点で即、反則負けになる。

二歩を打つ典型例は、自陣に底歩を打ったことを忘れて、同じ筋に歩を打ってしまうパターン。これは盤面の一部だけを見て、全体を見ていないことから起こるミスだ。

また、相手の角の利き（角筋）をうっかり見落とし、そのライン上に自分の駒を動かしてしまい、タダで取られるポカにも気をつけたい。

これも、盤面を部分だけしか見ていないために起こるケアレスミスで、常に全体を俯瞰するクセをつけておけば、まずそんな愚行はしない。

ふだんから将棋を指していると、物事全体を広く俯瞰できる習慣が身につく。

今、自分が歩を打とうとしている筋に、もう1つ自分の歩が存在していないか？　どこか隅のほうに相手の角が潜んでいないか？

実生活でもこういったセルフチェックを心がけることで、つまらないミスはぐっと減る。

自分がよく起こすミスの種類を書き出し、チェックリストを作ってもいいだろう。

仕事でのイージーミスは、ときに取り返しのつかないダメージを伴うが、将棋のケアレスミスならば、負けて悔しいだけで、致命的な痛手をこうむることはない。

ポカや凡ミスを何度もくり返してしまう人は、将棋を指すことを強くおススメしたい。負けて痛い目に遭うたびに、あなたの危機回避能力は格段とアップしていくはずだ。

070

小さな仕事でも地道にコツコツ進めれば大きな成果が

「歩」も敵陣まで進めば「と金」になる

どんな仕事でも、駆け出しの頃はまず小さな仕事を任され、それで信頼を得て、大きな仕事へと進んでいくものだ。「こんなつまらない仕事、適当にやっておけ」と手を抜いていては、大きな仕事はいつまで経っても回ってこない。

歩という駒は1マスずつしか前へ進めないが、敵陣にたどり着けば、成って「と金」に昇格する。歩が金になれるのも、ふだんの一歩一歩の積み重ねがあってこそ。その一歩を踏み出さなければ、歩はいつまでも歩のままだ。

知人のデザイナーは、知人から依頼された名刺制作の仕事でも手を抜かず、請けた価格以上のクオリティで納品している。すると、その名刺をもらった人たちから依頼が来て、「彼の仕事は丁寧だ」と、大企業からの案件も任されるようになった。小さな仕事にこそ、チャンスは潜んでいる。

071

「この件なら何時間でも話せる」ネタのジャンルをいくつか用意

「この形に持ち込めば負けない」得意形を持つ

営業担当者に多いが、相手の懐に入り込むのがうまい人は、たいてい話題が豊富である。得意先の担当者と話す際も、相手の会話からたとえば「この人は、こういう話なら食いつくな」と察知。さりげなく話題をそちらの方向に振り、会話を盛り上げれば、もう勝ちパターンだ。

将棋も、戦法はなんでもいいから、「この形に持ち込めば負けない」という得意形を持つことが大事だ。それには、とにかく経験値を上げること。何百回、何千回と同じ戦法の将棋を指すことで、いくつかの「必勝パターン」が完成する。

そうすれば、実力がかなり上の相手でも、こちらの得意形に持ち込んで負かすことが可能だ。

ビジネスの場でも「この件なら何時間でも話せる」ネタのジャンルを最低3つは持っておこう。すべらない話題のストック数が勝負なのだ。

072

小うるさい取引先にはウマの合う社員を1人あてがう

敵の「桂」を跳ねさせないように打つ「桂頭《けいとう》の銀」

取引先の会社に、ちょっとクセのある担当者がいる、というのはよくあるケースだ。

歴代の担当者がネチネチと嫌みを言われ、「もうあの会社には回りたくないよ」とグチをこぼしながら帰ってくる……得意先だけに文句も言えないが、こういう場合のいいヒントが、将棋にある。

将棋で、小うるさくて、クセのある駒といえば桂馬だ。2マス前の左右にピョンと跳ねるので、意外と防御しにくいのだが、この「桂」の防御役にぴったりなのが「銀」である。

左ページの図を見てもらえれば一目瞭然だが、銀は左右斜め後ろにバックできる。つまり、相手の桂の前に銀を打てば、その桂が次に左右どちらに跳ねようと、銀で取ることができるのだ。

これを将棋用語で「桂頭の銀」と言う。まさに駒の特性をふまえた言葉で、つまり銀はクセのある桂の「おもり役」に最適なのである。

「桂頭の銀」のように、どんなにクセのある人でも、この人の前では穏やかになる……という人がいるものだ。

たとえば同郷だったり、同じ陸上部出身だったり……仕事以外で共通の接点がある、聞き上手な人物を試しに担当にしてはどうだろう。

すると予想外にウマが合い、ぞんざいな対応が一変することもある。私が聞いた実例を1つ。

気難しい部長のところに、取引先が新人社員をあいさつに行かせたら、その社員の携帯ケースを見た部長が「お、君もバイオハザードをやるのか！」。実はその部長、ゲーマーだったのだ。毎回ゲーム談議に花が咲き、便宜を図ってくれたという。

ふだん気難しい人でも、損得抜きで話せる相手には心を開くもの。何か共通項があれば、桂頭の銀のように、がっちり心をつかむことが可能だ。

両斜め後ろが肝「桂頭の銀」

図は後手が☖4四桂と打ってきたときに、先手が☗4五銀と打ち返した場面。これが「桂頭の銀」だ。

☖4四桂は、次に☖3六桂（王手角取り）と、☖5六桂（飛角両取り）を狙った手だが、☗4五銀がいるために、左右どちらに跳ねても取られてしまう。

つまりこの桂は、銀1枚によってまったく身動きが取れなくなってしまったわけだ。

サッカーで言うと、強力フォワードをマンマークするディフェンダー。野球で言うと、強打者相手に出てくるワンポイントのリリーフ投手、といったところだろうか。

両斜め後ろに下がれる銀だからこそで、この桂と銀の絶妙な関係を見ていると、将棋とは本当に良くできたゲームだと思う。

073

話がうまく進んでいるときこそ“落とし穴”のチェックを

「必勝の局面」でも「トン死」には要注意

物事は最後まで気を緩めてはいけない、ということは、もうさんざん言われていることだが、それでも事がうまく運んでいると、つい気持ちが緩んでしまうのが人間の悲しい性だ。

そして、ちょっと気持ちが緩んだときが、地獄への入り口だったりするのだ。

プレゼンでは評判もよく、内容も申し分ない、もうこれで決定！　と先方に太鼓判を押された企画が、土壇場で覆って落選……という憂き目を見ることは、よくあることだ。

ヤケ酒をあおる前に、なぜ自分たちの案が通らなかったのか？　仮に政治力が働いたにせよ、詰めに甘いところはなかったのか？　そこは謙虚に反省したほうがいい。コンペに負けたことは揺るぎのない事実なのだから。

将棋も必勝の局面が訪れたときが、実はもっとも危うい瞬間なのだ。

そういうときに、なぜ逆転を食らうのかというと、「もうどうやっても勝ちだ」という傲慢な思いが、読み筋を自分本位の考え方に変えてしまうからだ。


特に気をつけてほしいのが「トン死」である。

まだ詰まない、と思っていた自分の玉が、実は詰んでいて、詰まされて初めて気づく……という最悪のパターンだ。

これもヤケ酒をあおりたくなる気持ちはわかるが、向こうには見えていた詰み筋が自分には見えなかったわけで、何のことはない、ただの「見落とし」である。これも素直に反省すべき。

仮に必勝の局面でも、自分の玉が薄いときは、相手はどうせカウンターしか狙ってこないのだから、「この玉ってどうやったら詰むのかな?」と相手の立場になって真剣に考えてみるといい。


もしいくつか危ない筋が浮かんできたら、いったん自玉に手を入れて、守備を固めてみるなど、危機は先に回避しておこう。

トン死は本当に恐ろしく、「詰まない」と思い込んでいると1手詰めにすら気づかないことも。

信じられないかもしれないが、あの羽生竜王ですら、公式戦でそんな大ポカをやっている。

終盤、どうやっても羽生勝利の場面で、相手が銀で最後の王手をかけてきた。玉の逃げ場は5カ所あり、うち4カ所は詰まず、どこに逃げられても、相手はそこで投了するしかなかった。

ところが……なんと羽生竜王は、唯一詰むその「1カ所」へ逃げてしまったのだ。すかさず飛車を打たれ、1手詰めのトン死……。

教訓：どんなに優秀でも、錯覚を起こすのが人間である。「決まった!」「勝った!」と思ったら、念には念を入れて、落とし穴チェックを!

074

リーダーの心をつかむには周囲の人物を味方に

「玉は包むように寄せろ」左右から挟み撃ちに

あなたがある組織のリーダーと接触を図りたい場合、その相手がなかなかアポが取れない人だったら、あなたはどんな作戦を立てるだろうか？

将棋には「玉は包むように寄せろ」という終盤の格言がある。相手玉を一方から追いかけていくと、逆方向に逃げられてしまう可能性が高い。いちばん確実なのは、左右両サイドから挟み撃ちにすることだ。徐々に包囲網を狭め、詰ましにいけばいい。ただの王手は、相手玉をムダに逃がすだけで何のメリットもない。

同様に、なかなか会ってくれないリーダーは、強引に直接会おうとしてはいけない。その人物の気のおけない仲間や、側近などを味方につけ、信頼感を勝ち取ることが、遠回りに見えて実はいちばん早いのだ。彼らに「この人は本気ですよ」とお墨付きをもらえれば、勝ったも同然である。

075

1つの案を深掘りし過ぎず常に第2案も用意する

「1つの手を深く読み過ぎない」ことも重要

プロジェクトを進める際、A、B、Cといくつか案があったとして、その中のA案がとびきりグッドアイデアに見えたとする。

こういうとき、A案1本だけで推し進めるのはたいへん危険だ。もし途中でA案に何か欠陥が見つかった場合、取り返しがつかないことになる。

将棋もそうで、候補手がA、B、Cとある場合、最初から1手に絞っての深読みは得策ではない。なぜなら、Aを深く読み、相手に妙手があって不利になると途中でわかった場合、またゼロからB、Cを読み直さないといけないからだ。

特に終盤戦では、命取りになりかねない。先に少しでも読んであれば、慌てなくて済むのだ。

プロジェクト進行にあたっては、1つの案に固執し過ぎてはいけない。常に第2の案も用意しておくことが、企画を停滞させない秘訣である。

076

顧客や同僚の何気ない行動から心理を読み取る

「棋は対話なり」将棋は対局者同士の会話

同じ職場にいる同僚、長年付き合いのある取引先の担当者……気心の知れた人とは、いちいち会話をしなくても、表情や素振りを見れば、なんとなく、相手が何を考えているかわかるものだ。

いわゆる「以心伝心」である。

先日取材したある小料理店のご主人は、お品書きにいっさい献立を載せていなかった。その日仕入れた素材だけを載せ、お客は食べたい素材を選んで「おまかせで」と言う人がほとんど。

あとはご主人が、常連客の表情や会話などから推察して、その人が食べたい料理を作ってくれるのだ。客席に笑顔が絶えず、客足が途切れないのもうなずける。

これもまた「以心伝心」の関係だ。

「棋は対話なり」という言葉がある。

もちろん対局者はしゃべったりはしないが、一

076

手一手のやりとりは、まるで対局者同士の会話が交わされているようだ、という名言である。

「ここまで攻め駒を進めていいですか？」
「いいですが、こちらも攻撃準備に入ります」
「いや、それは困ります」
「じゃあ、戦闘を始めるしかないですね」
「もうちょっと待ってくれませんか？」
「いや、待てません。戦闘開始です！」

というような「駒を通じた会話」によって、将棋を指す人は一手一手にさまざまな思いを込めていくのである。

将棋を指す上で忘れてはならないことは、一局を共にしてくれる相手への敬意だ。

まずは対局が始まる前に一礼、終局のときにも一礼を欠かしてはいけない。将棋は、勝負事である前に、人と人とのコミュニケーションなのだ。

最近SNSなどで、他人に対してやたらと攻撃的な言葉を投げつける人たちをよく見かける。

特に社会的弱者への誹謗中傷は、見ていて悲しい限りだ。他人を思いやる心が、今の日本社会からだんだん失われつつあるように感じる。

そんなギスギスした世の中を変えていくのが、周囲の人たちへの、ちょっとした気遣いである。

冒頭で触れた、直接語り合わなくても心が通じ合う「以心伝心」の関係は、相手を思いやる心が出発点であり、将棋というゲームの根本に流れる精神と同じである。

あらためて……「棋は対話なり」。

相手への礼に始まり、駒を通じて会話し、礼に終わる将棋を指すことは、他人への気使いを学ぶ、とてもいいきっかけになるはずだ。

077

トリッキーな交渉にはワナが……対策は前もって考えストックを

下手に対処するとつぶされる奇襲戦法＝「ハメ手」にご用心

海千山千のビジネス界で商談や交渉を進めていると、ときどき一般の慣習から外れた提案をされることがある。

「この商品、通常はこういう手順で仕入れるんですけれども、ウチには独自のルートがありましてねえ……」などと簡単に持ちかけてくる相手は、まず疑ってかかったほうがいい。

そういう人物は、たいてい他社にも同じような甘い話を囁いていているからだ。「御社にだけ、特別ですよ」と言ってきたら、間違いなくすべての会社に同じことを言っていると思っていい。ならば当然、その話にメリットはない。

将棋には昔から「ハメ手」と呼ばれる奇襲戦法がある。序盤から、通常指さない驚くような手で相手を惑わせ、ワナにはめるのだ。

どのハメ手にも対策があり、それを知っておけば一気につぶされることはないが、「こんな手を指すなんて、こいつ素人だな」と甘く見ると、必ず痛い目に遭う。それが向こうの手なのだ。
将棋のほうの主なハメ手への対策は、奇襲戦法の本やＷｅｂにも載っているので、先に知っておくといいだろう。備えあれば憂いなしだ。
ビジネスの話に戻ると、そもそも世の中には、そんなにうまい話などない。深い仲でもないのに特別に便宜を図ってくれる人ほど、のちにそれ以上の見返りを求めてくると考えておこう。そういう相手に貸しを作ってはいけない。
いちばんまずいのは、手柄欲しさにその場で「お願いします！」と話に乗ってしまうことだ。妙に話がうま過ぎる、と感じたら、「いったん持ち帰らせてもらいます」と、その場での判断を避け、社内のベテランに相談するのがベターだ。
経験豊かな先輩の失敗談は宝物。教訓を学んで、ワナを察知するセンサーを磨いておきたい。

桂が跳ねていくハメ手「鬼殺し」

なし☖

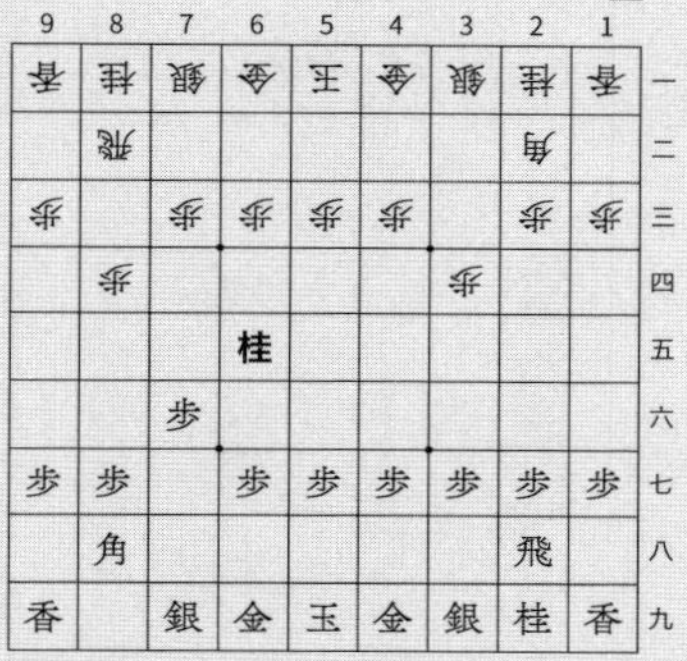

☗なし

数あるハメ手の中でも、もっとも有名なのが、「鬼殺し」と呼ばれる戦法だ。

初手から、☗7六歩☖3四歩☗7七桂☖8四歩☗6五桂（図はここまで）。

いきなり7七桂が見慣れない手で、さらにこの桂が、5手目でポーンと中央に跳ねていく。初めて見る人は面食らいつつ「こんなに桂をピョンピョン跳ねたら、歩で取られるのに、ド素人だなあ……」と思うだろう。

だが、実はその時点ですでに敵の術中にはまっているのだ。桂成りを防いで、形よく☖6二銀と上がると怒濤の攻めを食らってしまう（その先の手順は「鬼殺し」で検索を）。

図で、後手の正解手は☖6二金。これで鬼殺しを完封できるが、形自体は悪くなるので、知らないと指せない手だ。知識は身を助けるのである。

米長邦雄
ロジック
①

後輩棋士に「教えてください！」と頭を下げて名人に

最新情報はプライドを捨てて若手社員に聞く

名人戦で、ライバル・中原誠十六世名人に6度も敗れながら、7度目の挑戦を果たし、49歳にして悲願の名人奪取を成し遂げた、米長邦雄永世棋聖。

実はこのとき、米長永世棋聖は、すでにピークを過ぎたと見られていた。

1984年度に、王将・十段・棋王・棋聖の四冠王となったが、その後、相次いでタイトルを失い、2年後には無冠に転落。タイトル戦からも遠ざかるようになった。

これではいけないと一念発起した米長永世棋聖は、最新の序盤戦術を学ぼうと、棋界随一の研究熱心で知られる若手棋士・森下卓五段（現在は九段）に、「私に将棋を教えてく

078

れないか？」と頭を下げたのだ。20歳以上も年の離れた後輩棋士に、である。

しかし、森下五段の答えもすごかった。

「私は、私より強いか、私より研究熱心な人としか研究会はしません」

どれだけ真剣なんですか？　と問うたのである。それに対し、米長永世棋聖も

「君より強いかどうかはわからないが、熱心さなら君に負けない」

（『升田幸三の孤独』河口俊彦・著／マイナビ刊より）

こうして、米長宅を改造した部屋で研究会がスタート。「塾頭」の森下五段をはじめ精鋭の若手棋士たちが集い、米長永世棋聖は、森下五段を「先生」と呼んだ。

この努力が実り、93年、A級順位戦を勝ち抜き、中原名人への挑戦権を獲得した米長永世棋聖は、ライバルに4勝0敗で圧勝。ついに悲願の名人位に就いたのである。

相手がいくら年下で、立場が下だろうと、どうしても身につけたいものがあるならば、プライドを捨てて「教えてください」と頭を下げる謙虚な姿勢。この気持ちがあれば、たとえあなたがアラフィフであろうと、感性は衰えないはずだ。

079

企画を「後出し」するほうが有利な展開に転がる場合も

先に攻めるのが不利と見たら「1手パス」の手を指す

コンペ形式の競合案件の場合、とにかくわれ先にと提出するのは、必ずしも得策ではない。ライバルの出方を見てから、満を持して期限ギリギリに出したほうが得をする場合もある。

将棋も、先に仕掛けたほうが有利かというと、必ずしもそうとは言えず、局面によっては、先に手を出したほうが不利になるケースもある。

こういうときには「1手パス」の手を指してみるといい。飛車を1マスだけ動かしたり、玉の位置をずらすなどして、相手に手番を渡すのだ。

相手がじれて、先に攻めてきたらしめたもの。剣豪よろしく、返り討ちにしよう。

担当者と懇意にしているなら、先に提出されたアイデアがカバーできていない点をこっそり聞き出すといい。そこを補った企画は高確率で通るはず。「後出しジャンケン」、おおいに結構である。

080

忙しくないときこそ「自己投資」に励んでみる

「有効な手」ナシなら守備「自陣に手を入れる」

繁忙期が過ぎ、急にポッと時間が空いたとき、あなたはその時間を何に使うだろうか？

もちろん、気分転換で遊びに行ったり、体を休めたりも大事だが、そういうときこそ、語学を学んだり資格を取ったり、新しいスキルを身につけるなど「自己投資」に励んでみてはどうだろう。

将棋でも、仕掛けるにはまだ早く、特に有効な手が見当たらない、という局面がある。そんなときは、攻撃用の駒はそのままにしておいて、囲いを少し堅くしてみたり、金銀の位置を好形に組み替えたり、自陣の整備を図るといい。

その場ではなんでもない一手が、将来貴重な一手に化けるかもしれないからだ。

空いた時間にポルトガル語を学んだ平社員が、ブラジルに赴任して支店長になった話を聞いた。閑散期の自己投資は、最強の武器になるのだ。

081

「なぜミスをしたのか？」原因を掘り下げ次を見据える

「悪手」は最高の教材 棋譜を振り返り発見

ミスをしでかすのは人間の常。失敗を教訓に、再びミスを起こさないよう肝に銘じればいいのだが、問題はそれをくり返す人だ。

特に何度も同じ種類のミスをする人は、なぜくり返してしまうのか、よく反省してみることだ。反省と言っても、「すみません」「次はちゃんとやります」だけでは反省したことにはならない。

「いや、急に言われたんで……」
↓では余裕があったらミスしなかったのか？
「慣れてなかったもので……」
↓次も慣れていないから、またやるのでは？

これは反省ではなく「言いわけ」である。そういった甘えの構造も、ミスを招く大きな原因だ。大事なことはミスの原因としっかり向き合い、改善策を探すことである。

081

将棋の場合、ミス＝「悪手」だが、なぜその手を指してしまったのか、二度と似たような手を指さないために、こちらもしっかり原因を突き止めねばならない。

「敵の角の利きをうっかり見逃し、駒をタダで取られてしまった」**↓不注意**
「勝負どころで指した手が不要な一手で、敵陣に迫るのが一歩遅れた」**↓速度計算ミス**
「いい手だと思って指したが、数手先に相手に絶妙手があるのを読めなかった」**↓読み負け**
「受けたと思った手が、実は受けになっていなかった」**↓守りミス**

……とまあこんなふうに、自分の棋譜を振り返っていき、反省点と共に、ノートにミスの種類を分類していくといい。

分類項目も、自分で作ってみよう。ミスの傾向を自分で発見することも大事だからだ。

この作業をくり返していくと、自分はどんな種類のミスをする傾向が多いのかが、だんだんわかってくる。負けた将棋の棋譜を並べて作った「悪手リスト」は、自分のウィークポイントをあぶり出してくれる、最高の教材なのである。

こうやって反省を続けていると、だんだん負けることも楽しくなってくる（！）から不思議だ。

仕事で「自分ってミスが多いな」と思っている人も、専用のメモ帳を作って、いつ、どんなミスをしたのか書き込んでいって傾向を探るといい。最初のうちは自己嫌悪に陥り、気が滅入るかもしれないが、だんだんミスの傾向がつかめてくると、対策を立てるのが楽しくなってくる。

そうなれば、あなたの仕事の質は自ずと向上していくはずだ。「ミスはよき先生」と考え、うまく付き合っていこう。

082

リスクテイクに対してひるまない積極性が好結果を生み出していく

ノーガードで中央制圧を狙う「ゴキゲン中飛車《なかびしゃ》」

もともと保険・金融業界の用語だったのに、いつの間にか一般的なビジネス用語として定着したのが「リスクヘッジ」という言葉だ。

リスクをいかに回避するか、そればかりが重視される昨今だが、失敗を恐れて消極的になっていては、ビジネスチャンスはやってこないし、仕事も停滞してしまう。自分を成長させる意味でも、ある程度のリスクテイクは必要なのだ。

将棋には「ゴキゲン中飛車」という、ユニークなネーミングの戦法がある。

「ゴキゲン流」と呼ばれる近藤正和六段が創案したもので、振り飛車戦法は序盤、角交換を避けるのがセオリーだが、「交換するならいつでもどうぞ」とノーガードのまま飛車が中央に回るのが、ゴキゲン中飛車の特徴だ。

相手側が飛車先の歩を突いてきても、あえてガードせずに「来るなら来い！」と堂々と開き直る。

こんなふうに強気に来られると、相手はついひるんでしまう。そのスキに中央を制圧し、自分のペースに持ち込むのが、この戦法の狙いである。近藤六段はゴキゲン中飛車を使って勝ちまくり、プロ・アマ問わず、よく指されるようになった。

何の成算もないまま、リスキーな道を選ぶのは論外だが、事前に入念なリサーチをした結果、「十分いけそうだ」となったら、多少のリスクを取っても、どんどん前に出るべきだ。

相手に「ここまで腹を決めて踏み込んで来るとは、ただ者じゃない」と思わせれば、その案件の主導権を握ることができ、ビジネスを優位に進められるからだ。

リスク回避もたしかに大切なことだが、自分が本当にやりたいことは、ひるんでいてはいつまで経っても実現しない。「リスク上等！」の覚悟が人を動かすのである。

後手主導に持ち込める「ゴキゲン中飛車」

なし☖

9	8	7	6	5	4	3	2	1	
☖香	☖桂	☖銀	☖金	☖王	☖金	☖銀	☖桂	☖香	一
				☖飛			☖角		二
☖歩	☖歩	☖歩	☖歩		☖歩		☖歩	☖歩	三
				☖歩		☖歩			四
							歩		五
		歩							六
歩	歩		歩	歩	歩	歩		歩	七
	角						飛		八
香	桂	銀	金	玉	金	銀	桂	香	九

☗なし

「ゴキゲン中飛車」は、基本的に後手番向けの戦法である。将棋はどうしても、1手先に指す先手が主導権を握りやすいゲームだが、ゴキゲン中飛車なら、後手主導の展開に持ち込める。

後手番での指し方は、初手から、☗7六歩☖3四歩☗2六歩☖5四歩☗2五歩☖5二飛（図はここまで）。

普通の中飛車は角交換を避けるため☖4四歩と角道を止め、先手が飛車先の歩を☗2五歩と伸ばしてきたら☖3三角と受けるのがセオリー。

だが、ゴキゲン中飛車はノーガードで「やってくるなら、ご自由にどうぞ」と、角道も開けっぱなしで、飛車先も受けない。先手の言いなりにはならない、という意思表示だ。

この手順はなんとも痛快で、そんなところも流行した理由だろう。

083

納期までの作業内容を逆算 計画はあえて前倒しに

終盤は常に「攻めの速度」を計算する

決められた期限を守れない人はどこにでもいるものだが、こういう人がルーズで無能かというと必ずしもそうとは言えず、逆に真面目で能力がある場合も多々ある。

ではなぜ期限に遅れるかというと、自分の作業能力を正確に測れていないからだ。

どう考えても5日はかかる作業を「あ、これなら3日でできる」と、過去の経験から過信し、軽めに見積もってしまうのである。

しかもこういうタイプの人は、期限ギリギリになってから仕事を始めるので、取りかかってから「あれ、全然間に合わないぞ！」と気づくのだ。そうなってからでは手遅れである。

期限に遅れるタイプはもう1つ……なんでも安請け合いをしてしまう人だ。

頼まれた仕事自体は、余裕で期限内に仕上げられるのだが、別の仕事も複数抱えていると、いろいろ突発的なアクシデントも起こってくる。

そうすると、頼まれた仕事をすることになっていた時間に、突然、他の案件のトラブル処理が食い込んできて、その分作業が押し、期限をオーバーしてしまう、というパターンだ。

いずれも本人の見通しの甘さが原因だが、こういう人は時間管理に問題があるだけで、仕事のクオリティ自体は高いことが多い。

だが、納期が守れない人には、やがて仕事はこなくなる。どうしたら期限内に仕事を完了できるようになるのだろうか?

将棋も、特に終盤では、相手の玉を詰めるまでの「攻めの速度」が重要になってくる。

自分の玉が詰まされる前に、相手の玉を詰ますゲームなので、常に自玉《じぎょく》の危険度を測りつつ、それより1手分先んじる形で攻めていけば、勝利にたどり着ける。

もし自分の玉が、放っておくと3手で詰む場合、相手には「2手すき」(あと2手で詰む手)で迫っていけば勝てるわけで、そんなふうに逆算して攻める手を考えていけばいい。

遅れグセのある人は、まず依頼された仕事を仕上げるのに必要な時間を「シビアに」見積もり、予備期間も含め、その倍の時間を作業時間として設定。そこから逆算して仕事を始めるといい。

もし1週間かかると思ったら、作業日程を2週間で組み、逆算して期限の2週前から作業を始めるのだ。

これはつまり、1週間前倒しで作業を始めるのと同じことになる。そうすれば、予想外に時間がかかろうが、他の仕事で突発的なアクシデントが起ころうが、余裕で吸収できる。

一度、期限前に終える爽快感を味わえば、あなたの仕事はもっとスピーディになるだろう。

084

強引に返事を求めずゆるく迫ることで信頼を得る

「王手は“追う手”」ただ追えば逃げられる

あるモテ男いわく、女性を口説く秘訣は……「積極的にアプローチをかけたあと、いったん引いて、ちょっと間を置いてみるといいんだよ」。

そうすると、なかなか誘いに応じなかった女性も「あれ？　あんなに言い寄ってきたのに、どうしたのかな？」とつい気になるのだという。

そこで頃合いを見計らって再度モーションをかければ、かなりの確率でうまくいくそうだ。

将棋には「王手は〝追う手〟」というダジャレ入りの格言があるが、玉はやみくもに追い回したところで逃げていくだけ。女性心理と同じだ。

ビジネスにおいて、気難しいキーパーソンを説得するときは、強引に返事を迫るのは逆効果。

本題は後回しにして、まずはゆるくごあいさつから入り、信頼感を得てから交渉するといい。コツは「一歩引いた位置からのアプローチ」だ。

085

相手の思惑が読めなくても誘いに応じると有益なことも

迷ったら全部「同歩《どうふ》」腹を決めた対応

「こんな集まりがあって、面白い人たちが来るので、ちょっと顔を出してみませんか？」「きっとあなたの仕事のためになりますよ」と、やたらと誘ってくる人はいないだろうか？

将棋でも、相手が突然歩を突いて戦いを仕掛けてくるときがある。相手の狙いが読みきれなかった場合は、とりあえず「同歩」と駒を取ってみよう。

そのあと、相手がどんどん仕掛けてきても、腹を決めて、全部「同歩」と取りにいく。もし敵にいい手があってつぶされても、自分が知らなかった攻め筋を覚えられると考えれば、損にはならない。「取ると何かあるのでは？」と怖がって何も対応しないのが、いちばんよくない。

相手の思惑が読めなくても、自分にプラスになりそうな誘いなら、積極的に参加してみよう。腹を割ったいい関係が築けるかもしれない。

米長邦雄
ロジック
②

米長哲学「相手にとって大事な一局なら手を抜くな」

「重要な仕事」の判断は自分より相手の立場で

将棋界には「米長哲学」という言葉がある。

「相手にとって重要な一局には、たとえ自分にとって重要でなくても、全力を尽くせ」

若き日の米長永世棋聖が実践したこの哲学は、将棋界のスタンダードとなっている。

ゆえに「あの先輩、負けたら降級だから、今日は緩めとくか」などというぬるい考えは、将棋界には存在しない。自分にとって消化試合でも、若手は降級がかかるベテランを容赦なく負かしにいくし、昇級がかかる棋士は、全力で阻止しにいく。

将来、自分が大一番を迎えたとき、必死な相手と真剣勝負をした経験が必ず活きてく

086

るという考え方だ。すごく正しいと思うし、また勝負師たるもの、そうあるべきだ。

米長永世棋聖が、こういう哲学を持つに至ったのは、1970年の順位戦が大きく影響している。当時、米長永世棋聖はA級の1つ下のクラス・B級1組に所属していた。

総当たりのリーグ戦で、A級に上がれるのは2人。うち1枠は内藤國雄棋聖に決定。最終戦を前に、もう1枠を争っていたのが、ベテラン・大野源一八段、ライバル・中原誠七段、中原の兄弟子の芹沢博文八段だった（段位・タイトルはいずれも当時）。

米長永世棋聖には昇級の目はなかったが、最終戦は大野八段と対戦。大野八段が敗れると、中原・芹沢戦の勝者がA級に上がるという状況。

その大野戦、米長永世棋聖は必敗の形勢から猛烈な粘りを見せて逆転。兄弟子との対決を制した中原七段が、A級昇級を勝ち取った。結果、ライバルに先を越されてしまうことになったが、この勝利が、その後の棋士人生において大きな財産になったという。

あなたも、自分にとってさほど重要でなくても、同僚なり取引先なり、相手にとって大切な仕事であれば、手を抜かず真剣に取り組むべし。きっと将来、大きなリターンが待っているはずだ。

087

相手のやり方に合わせれば視野と知識がぐっと広がる

「相手の得意戦法」にあえて乗ってみる

仕事の進め方は人それぞれで、自分にしっくりくるスタイルで進めていけばいいのだが、問題は誰かと共同で仕事をすることになった場合だ。

自分の流儀を通すのか、それとも相手のやり方に合わせるのか……。

相手との関係や、仕事の内容にもよるのだろうが、もしあなたが、いつも決まったスタイルで仕事をしている人なら、ときには相手のスタイルを全面的に受け入れてみてはどうだろう。

いい気分転換になるし、新しい仕事のスタイルを見つけるヒントになるかもしれない。

2018年2月に実現した、羽生善治竜王対藤井聡太五段（当時）の公式戦初対局（第11回朝日杯将棋オープン・準決勝）。

一般にも大きく報道されたので、結果はもうご存じと思うが、藤井五段が第一人者相手にみごとな指し回しを見せて快勝。

087

さらに決勝にも勝って、史上最年少（15歳6カ月）での全棋士参加棋戦優勝、そして、六段昇段を果たした（その3カ月後、七段に昇段）。

私は当日、仕事先でこの羽生―藤井戦のネット中継にかじり付いていたが、驚いたのは、羽生竜王が、「雁木《がんぎ》」と呼ばれる若手棋士の間で流行中の相居飛車の戦型を選んだことである。

羽生竜王も、それ以前に雁木を採用したことはあったが、相居飛車の流行形からの激しい将棋は、むしろ藤井七段が得意とするところ。

つまり羽生竜王は、あえて藤井七段の土俵に自ら乗っかっていったのだ。若干精彩を欠き敗れはしたが、そういう選択をした理由は、「藤井七段の将棋を吸収しよう」だったと私は考えている。

藤井七段の将棋は、明らかに従来の将棋とは異質のスピード感覚があり、常に最短距離での勝利を目指すような将棋なのだ。

これは将棋ソフトの影響もあると思うが、とにかく羽生竜王は、その新しいスタイルの将棋を、実戦の中で直接体感してみたかったのだろう。

もっと言うと、自分も新しい将棋にアジャストし、これまでとは違った「ネオ羽生将棋」を創り出そうとしているような、そんなすさまじい意気込みを感じ取ったものだ。

確実に言えるのは、羽生竜王は「自分はもっと強くなれる」と思っていて、もっと前に進むために、藤井七段に最新型の戦いを挑んだということ。

たぶんそれは、藤井七段も気づいていて、いっさい隠すことなく、藤井将棋の粋を開帳した。これこそ、プロフェッショナル同士だと私は思う。

世の中は日々刻々と変化している。あなたの仕事のスタイルは、時流に遅れていないだろうか？

たまには、他人の流儀で仕事をしてみることを提唱したい。

088

あえて マニュアル対応を 遠ざけることで 好感度ＵＰ

「定跡」から離れた瞬間に「自分らしい手」が浮かぶ

顧客に対して、マニュアルに従い、教科書通りの対応をするのは、たしかに間違いがなく楽だ。だがそこには、自分で考えるクリエイティブな喜びはないし、顧客も「なんだか杓子定規《しゃくしじょうぎ》だな」と思うだけだろう。

将棋も、マニュアル＝定跡を離れたところからが本当の勝負だ。本に載っていない未知の局面になった際、どう指すかで指し手の実力が問われるが、そういうときはまず、パッと「第一感」で浮かんだ手を中心に読んでみよう。

意外とそれが、自分らしい手になったりするもので、それがあなたの「棋風」なのだ。

ビジネスの世界でも、マニュアルを遠ざけ、自分の頭で考えて行動することからすべては始まる。そのやり方で顧客に接し喜んでもらえたなら、それが「あなた流の仕事スタイル」である。

089

ごく当たり前の気遣いや人としてのマナーをあなどるな

「駒はまっすぐに置け」持ち駒は見やすく

ビジネスマナーの本はたくさん出ているが、形だけを覚えて「自分はマナーが身についている」と思うのは大きな間違いだ。

名刺の渡し方、出先での振る舞いなど、マナーの背景にあるものは「相手への気遣い」。そこを理解していなければ、砂上の楼閣だ。

礼儀を重んずる将棋では、対局のマナーを守ることは非常に大切だ。相手への気遣いである。

駒をマス目の中にまっすぐ置くこともその1つ。駒が左右に傾いたまま指し進めている人がいるが、相手に失礼だし気持ちのいいものではない。

持ち駒を見やすく並べるのもとても大事。大駒～小駒の順で、盤の横へ扇形に並べるように。

ビジネスマナー以前に大切なのは「人としてのマナー」を守ることだ。たとえば、遅刻を避けるために赤信号を渡るような愚は避けたい。

090

社員同士のリレーションで5つの力を10に変えていく

「駒の連携」を第一に考える小駒のアシストで敵陣に

スポーツの団体競技では、チームワークが大きな勝因となる。たとえば5人制の競技で、Aチーム、Bチームが戦うとしよう。

Aチームは長年5人いっしょにプレーしてきた気心の知れたチーム。一方のBチームは、さまざまなチームから、エース級の選手を5人ピックアップして結成した急造チーム。

このとき、選手個々の能力はBチームのほうが圧倒的に高くても、いざ試合をするとAチームが圧勝することがあるのが、団体競技の面白さだ。「1＋1＋1＋1＋1＝5」の戦力がチームワークによって倍の「10」になり、「2＋2＋2＋2＋2＝10」の戦力が仲間割れによって半分の「5」になる……団体競技におけるジャイアント・キリング（大番狂わせ）はこうして起こる。

将棋でも、駒同士が絶妙のチームワークを発揮する場合がある。

090

飛車と銀が連携して一直線に攻めていく「棒銀戦法」を、角が斜めの利きでアシスト。さらに桂馬も加勢すれば、理想の攻撃態勢ができあがる。

飛車や角などの大駒1枚だけでは何の攻撃もできない。そのアシストをする小駒(金銀桂香歩)の協力があってこそ敵陣を突破できるのである。

駒同士が連携し、お互いに協力し合う態勢を築くことができたら、あなたも格上の相手を倒すジャイアント・キリングを体験できるかも。

駒の連携がいかに重要かと述べたが、これがすなわち、5の力を10に変えていくチームワークの本質である。

仕事でも、チームメイトが最大限のパフォーマンスを発揮できるよう全員一丸となって協力し、ウィークポイントはみんなで補う。そんな社員間のリレーションこそ、チームワークであり、組織力をおおいに高めてくれるのだ。

野球を例にとると、ホームランをよく打つが、守備に難のある選手がいたら、チームメイトは何をするべきか?

攻撃の際はしぶとくランナーに出て彼に打順を回し、ホームランで大量点が入るようお膳立てをする。いっぽう守備では、彼がエラーしてもフォローできるようカバーリングをぬかりなく。

個の力を引き出し、支え合う集団の力、それが真のチームワークである。

仕事でチームを組む際も同じで、能力重視でエース級ばかり選ぶと、衝突が起こる可能性大。メンバーには必ず、フォロー役に回れる調整型の人を入れておきたい。

また、メンバー同士仲がいいに越したことはないが、それが「なれ合い」になると、逆にチームワークを阻害する原因になる。むしろ性格が正反対のほうが、いい補完関係を築けるものだ。

升田幸三
ロジック
①

13歳で家出して書き置き「名人に香車を引いて勝つ」

荒唐無稽と思えても文字で書くと現実に

「新手一生」を旗印に掲げ、弟弟子・大山康晴十五世名人をはじめ、さまざまな棋士たちと名勝負をくり広げた、昭和を代表する棋士、升田幸三・実力制第四代名人（この肩書は長いので、以下「元名人」と表記）。

その棋士人生は、あまりにドラマティックで、まず出発点からしてすごいのだ。

升田元名人は広島に生まれ、13歳で「日本一の将棋指し」を志して家出する。このとき紙にではなく、母親の物差しの裏側に、升田少年は墨でこうしたためた。

「この幸三、名人に香車を引いて勝つ」

091

「香車を引く」とは、ハンディ戦の「香落ち」（上位者が左側の香車を抜きで戦う）のことで、名人に香車を落としてもらうのではなく、「名人に対し、こちらが香車を落として勝つ」と宣言したのだ。つまり「名人の上」を目指すという、あり得ない目標だ。

ところが……この荒唐無稽な書き置きが、なんと現実になるのである。1950年、名人戦の契約を朝日新聞社に奪われた毎日新聞社が、新棋戦「王将戦」を創設。七番勝負中に3勝差がついたら、その時点で王将位が決定し、負け越したほうは、次は勝者に香車を落とされて戦うという「指し込みルール」を採用したのだ。

そして第1期でいきなり、升田元名人は、当時の木村義雄名人を香落ちに指し込んだ。このときは、升田側の対局拒否事件があり、香落ちは指されずに終わったが、4年後、今度は大山名人を指し込み、しかも香落ちでも勝ってしまったのである！

あり得ない書き置きは、現実となった。その後、王将戦は制度が変わり、もう香落ちが指されることはなくなったので、升田元名人の快挙は空前絶後の記録となった。

「自分の夢を実際に書いてみると、やがて現実になる」というのは、あながちオーバーではないようだ。あなたも毛筆で、大いなる野望を書いてみてはどうだろう？

092

簡単にできるライフハックは早めにやっておく

すぐに囲えて堅く守れる「美濃囲い」

効率よく作業を進め、生産性を上げるための仕事術、ライフハック。専門の本も山ほど出ているが、「これは今すぐ使えるな」と思ったライフハックは、即、試してみることをおススメする。

たとえば、机の上に書類が山積みになっていて、今にも雪崩を起こしそうな人は、会社のスキャナやスマホで簡単にダウンロードできるスキャンアプリを使って、データをデジタル化するといい。

それを、Dropbox のようなクラウドサービスにフォルダに分けてアップしておけば、出先でも閲覧できるし、同僚とも共有できる。

机もスッキリするし、「あの資料、どこにいったんだよ！」と探し回ることもなくなるので、まさに一石二鳥だ。

将棋の囲いで、振り飛車を指すときによく用いられるのが、左ページの「美濃囲い」だ。

この囲いの特徴は、初形からわずか5手で組み上がることだが、そのわりに堅く、特に横からの攻めにはめっぽう強い。
　こんなふうにすぐ組めて、かつ堅い囲いを知っていれば、攻めに出遅れることもなくなる。美濃囲いは将棋のライフハックであり、マスターすれば、初心者レベルはすぐに卒業できるだろう。
　冒頭の、書類山積み机の話に戻ると……。

スキャンアプリでいちいちデータ化するのは手間だし、自分は紙で確認したいんだと言う人に限って、いざというときに、その書類が見つからず、周りに迷惑をかけたりする。
　ちょっとの手間を惜しむことで、膨大な時間をムダにしている人が、どれほど多いことか。
　そして、有益なライフハックを知っていても、すぐに実行しなければ、それは知らないのと同じなのである。

「美濃囲い」は振り飛車とセット的に

5	4	3	2	1	
					五
					六
歩	歩	歩	歩	歩	七
金		銀	玉		八
	金		桂	香	九

手早くさっと組めて、なおかつ堅固な「美濃囲い」。飛車を左側に移動させる振り飛車とほぼワンセットになった囲いなので、初心者の方はぜひ覚えてほしい。

玉を最初の5九の位置から2八へと移動させ、右側の銀をまっすぐ上げ、左側の金が右斜め上に上がれば美濃囲いの完成だ。

手数がかからないので、すぐ攻撃に移れるし、また持久戦になった場合は戦況に応じて、上からの攻めに強い「高美濃《たかみの》」(5八金を4七に上げる)→「銀冠《ぎんかんむり》」(高美濃から3八の銀を2七に、4九金を3八に上げる)に組み替えることもできる。

この発展性も、美濃囲いの大きな特徴で、形も美しい。調和がとれた形は理にかなっているので、守備力にも優れているのだ。

093

ルーティンワークを再考して新たな仕事のスタイルを発見

「定跡を疑う」ことから「新戦法」が生まれる

あなたが、日常的に行っているいくつかの仕事、いわゆる「ルーティンワーク」。長年、同じルーティンワークをくり返している人もいるだろう。そうすると半ば習慣のようになり、同じ手順で同じ仕事をすることに何の疑問も持たなくなっていく。

はたして、日々機械的にこなしているその仕事は本当に効率的なのだろうか？　その前に、そもそも必要なものなのか？

「どうも最近、仕事がマンネリになってるな」と感じている人は、思いきってルーティンワークを見直してみるといい。

将棋には「定跡」というものがある。

これも一種のルーティンワークのようなもので、同じ手順をたどっていくのは楽なのだが、ときには「いつも当たり前のように指しているこの手って、本当に指さなきゃいけない手なのか？」と定

093

跡を疑ってみることも必要だ。

一流のプロ棋士は、その疑問を重要なタイトル戦でぶつけることも多い。もちろん、先の展開をある程度事前に研究してから指すのだが、相手が研究を上回る手を指してきたら、そこからはもう未知の世界だ。

そのあとお互いが最善を尽くして形勢が互角なら、定跡を外した手は「新手」となり、その後の手順は新たな定跡となる。

将棋はそうやって、ルーティンワークを疑うことで発展してきたのである。

ルーティンワークを見直すことで、あなたのビジネスライフも一変する。

毎朝出社してまず、回ってきた書類に目を通し、メールをチェックし、返信しているうちに午前中がつぶれてしまう……という人は、どうしてもそれを朝イチで処理しないといけないのか、よく考えてみるべきだ。

たとえば……書類もメールも、朝の段階では細かく目を通さず、緊急性のあるものだけチェックすることにしてみる。

本当に緊急の案件なら先方は電話してくるだろうし、そもそもオーバーナイトの案件は、急を要さないものがほとんどなので、それに朝の貴重な時間を使うことはない。

また、朝は脳がフレッシュな状態で、新鮮な発想が浮かぶ時間でもある。

メールや書類の処理は、思いきって午後に回し、いつも午後にやっている企画会議を、朝イチでやってみてはどうだろうか？

また、いつも回っている得意先に行く順番を変えてみたり、ふだん会わない人に会ったりすることで、新しい刺激がもらえる。

ルーティンワークをちょっと見直すだけで、あなたの仕事ぶりはプラス方向に転がるだろう。

094

一見ベタな企画のほうが人の心をつかむこともある

「俗手の好手」シロウト考えを侮るな

大阪の高校ダンス部が踊ったバブリーダンスが話題になった余波で、荻野目洋子の「ダンシング・ヒーロー」がリバイバルヒットしたが、世間は意外と「ベタなもの」が大好きである。

将棋には「俗手の好手」という言葉がある。素人が指すような「ベタな手」が、意外とその局面で最善手だったりすることはよくあることだ。逆に、一見気の利いた手が、実は思わぬ反撃を食らう悪手になることも、これまたよくある。ベタな手を、先入観だけで切り捨ててはいけない。

手で文字を作る、西城秀樹の「Y.M.C.A.」ダンスも、提案したのは秀樹自身で、わかりやすさで勝負したことが大ヒットにつながった。

訴求力のある企画を考える際、しゃれたセンスはかえって邪魔に。ベタだからと排除せず、ときには「直球ど真ん中」で攻めてみるのも手だ。

095

「脳内シミュレーション」が根付けばパワポは不要

「頭の中に将棋盤」を作ってみる

プレゼン資料作成では、パワポに頼り過ぎている人が多いのではないだろうか？

将棋のプロ棋士は、全員が頭の中に将棋盤を持っている。盤がなくても「☗7六歩」「☖3四歩」と符号を言い合うだけで将棋が指せるし、棋譜を頭の中で再現することなど朝飯前なのだ。

高段の棋士になると、盤面が2つになったり立体になったり、さらには、カラーになる人もいるというから驚きだ。

この「脳内将棋盤」は、アマチュアでも努力すれば持つことができる。まずは詰将棋を、盤を使わずに自分の頭の中で解き続けることだ。

ふだんの仕事でも、データを見たら脳内でグラフを描くとか、見出しを考えるとか、立体的思考の訓練をするといい。「脳内パワポ」で仕事の効率は格段に上がるはずだ。

升田幸三ロジック②

「素人の奇襲戦法」を名人戦で！「升田式石田流」

「素人考え」は常識破りなアイデアの宝庫

升田将棋の魅力は、なんと言ってもその「独創性」にある。過去の常識を打ち破る「新手」をいくつもくり出して、新しい定跡を作ったり、それまで見向きもされなかった戦法に創意工夫を加え、新戦法として甦らせたりもした。升田元名人がさらにすごいところは、その新戦法をあえて大舞台で試したことである。

1971年に行われた、第30期名人戦。升田元名人にとってはこれが最後の名人戦になった。相手は終生のライバル・大山名人である。

096

初戦に敗れた升田元名人は、第2局でそれまで「素人戦法」と呼ばれていた、角道を止めずに戦う三間飛車、通称「早石田《はやいしだ》」の布陣を試みた。

いわゆる「ハメ手」の1つで、プロでは通用しないと言われていた戦法が名人戦で出現したことに控室は騒然となったが、升田元名人はこの戦法に新しい息吹を与え、「升田式石田流」として再生。第2局と第3局を連勝し、一時は3勝2敗と、大山名人を窮地に追い込んだのである。

残念ながらそこから2連敗し、久々の名人復位はならなかったが、新戦法で第7局までの接戦を演じた升田元名人にファンは大喝采を送り、その後この「升田式石田流」はアマチュアの間で大流行。今なお愛好されるスタンダードな戦法になった。

「素人戦法だからダメだ」と最初から決めつけず、それをベースに、大胆な新戦法を創り上げた升田元名人。

常識にとらわれないアイデアは、専門家が頭をひねるよりも、「素人」の素朴な思いつきから生まれたりするものだ。あなたもアイデアに詰まったら、街に出てシンプルな意見を聞いてみてはどうだろう。画期的な新企画・新商品のよきヒントになるはずだ。

097

1日の行動を振り返ることでライフスタイルを再検証する

対局後には「指し手」のすべてを思い出してみる

どうも最近、自分の時間が作れない……と悩んでいる人へ。あなたには本当に時間がないのだろうか？　なんとなく時を流していないか？

そういう人には、日々の「行動記録帳」を作ることをおススメしたい。あなたの手帳は、たんなる「行動予定表」になっているのでは？

ならばそこに赤ボールペンで、今日の行動を上書きしてみるといい。けっこう有効に使えていない時間があることに気づくはずで、行動を見直す材料がいろいろ浮かび上がってくるだろう。

将棋でも、自分の指した一局を棋譜として残し、もう一度検討してみるのは、上達の早道なので、ぜひやってみていただきたい。

ネット将棋だと、指したあと棋譜が残る仕様になっていて、ダウンロードもできたりもするが、経験上私が推奨したいのが、今指した将棋を、初手から自力で再現し、ノートに記入することであ

097

る（PCの棋譜入力ソフトでもいい）。

「そんなの、相当強くないと無理でしょ？」と思うかもしれないが、そんなことはない。初級者や中級者でも、ちゃんと読みを入れた手なら、意外と覚えているものである。

最初のうちは最後まで再現できないかもしれないが、根気よく続けていると、初手から終局まできれいに思い出せるようになる。

私は中学生のとき、道場や大会で指した将棋を家に帰ってから思い出し、あとから棋譜を付けていた。ついでに盤駒を使い、自分の手が正しかったかを検討していたが、何カ月か続けていたら棋力が急上昇し、凡才の私でも有段者になれた。

だからこれは汎用性のある勉強法だという確信がある。真剣に強くなりたい人はぜひ実践してほしい。今思い返してみると、ノートに自分の手で書くというアナログな手法をとったことがよかったと思う。書く行為を通じて、自分が指した一手一手が脳に刻み込まれるからだ。

棋譜を付けるのと同様、自分の毎日の行動を手帳に記入することは、疑問を持っていなかったライフスタイルを再考するいいきっかけになる。

最初は30分刻みぐらいのアバウトな感じでいいので、自分が1つの仕事にどれだけ時間をかけたか、内容別に作業時間を記入していくといい。

それが他人と比べて遅いなら、理由をしっかり考えないといけないし、もしかすると、生活習慣に原因があるのかもしれない。

食事の時間、睡眠時間はこのままでいいのか、疲れやすい理由になっていないか？　などなど、いろいろな発見があるだろう。

毎晩寝る前に、今日の行動を思い出し、赤ボールペンで記入するだけなので、5分もかからない。あなたの生活を変えるヒントがそこにある。

098

ペン、手帳、カバン 仕事道具は 頑張って 高級な物を持つ

「高い盤と駒」を買うのは上達の早道

何かを始めようとするとき、「形から入る」のはけっこう大事なことだ。

いい道具を揃えることは、技術の向上にもつながるし、「それなりの投資をしたんだから、しっかりやらないと！」という覚悟も生まれる。

将棋も、今はPCソフトがあるので、家に盤駒がなくても指せる時代だが、余裕がある人は、ぜひいい盤と駒を揃えてもらいたい。実際に駒音を響かせると、気持ちの入り方が違ってくる。

なお、高級な盤駒はそれぞれ使う木材が決まっており、駒は黄楊《つげ》、盤は榧《かや》が最高級とされている。私が初めて黄楊の駒を榧盤に打ち下ろしたときの感動は忘れられない。気分は名人戦だった。

ビジネスでも、ペンや手帳、カバンなどの仕事道具はケチらずに、それなりの高級品を揃えてみよう。ワンランク上の仕事が降りてくるはず。

099

お堅いクライアントはガード下の横丁に誘え

「金は斜めに誘え」
下がりにくさがポイント

あまり世慣れていないタイプの、ちょっと堅めのクライアントを接待するとき、あなたはどんな店を選ぶだろうか？

お堅い人をフォーマルな店に連れていっても、そういう店には行き慣れているので、新鮮味は感じてもらえないだろう。ではどうするか？

ここで役に立つ将棋の格言が「金は斜めに誘え」だ。金という駒は、後退しにくい駒で、真後ろにしか下がれない。

もし斜め上に動くと、銀なら1手で元の位置に戻れるが、金は2手かかる。お堅い守備駒の金も、斜めに誘い出せば、こちらのもの。

堅めのクライアントも、高級割烹などより、思いきってガード下の横丁に誘い、焼き鳥やモツ煮で接待するといい。「一度来てみたかったんだよ。ありがとう！」と言われたら、勝利は目前だ。

100

名刺の持ち方や渡し方1つであなたの評価は大きく変わる

「正しい駒の持ち方」をまず覚えておく

何事にも、流儀やマナーというものがあるが、ビジネスマナーとしてよく例に挙げられるのが「名刺の渡し方」である。

「名刺は両手で持って差し出す」「相手も名刺を出している場合は、左手で受け取り、すぐ右手を添える」など、これはビジネスの基本中の基本であり、社会人になる前に、研修で誰でも学ぶことだ。

だが、手順こそ正しいが、渡す際にちゃんと相手の目を見ていなかったり、ついテーブル越しに渡してしまったり（マナー違反とされる）、意外と渡し方がぞんざいな人は多い。

何気ないことだが、そんなところから、その人の仕事への姿勢が垣間見えたりするものだ。

「礼に始まり、礼に終わる」と言われる将棋も、対局マナーは非常に大切であり、そこに実力（あるいは人間力）が表れることが多い。

その第一歩は「駒の持ち方」だが、早く初心者レベルから脱したい人は、まず正しい駒の持ち方を覚えることだ。

将棋を始めたばかりのビギナーは、駒を人差し指と親指で持ち、ペチッと盤に打ちつけるが、これでは美しくないし、手に思いが込もらない。

正しい手順は、左に写真入りで詳しく解説したが、こうすると「ピシッ！」というきれいな駒音が響き、相手の見る目も変わってくるはずだ。自然と、将棋を指すことが楽しくなってくる。

慣れないうちは、指の入れ替えがぎこちなくなってしまうものだが、駒を1枚だけ持ち歩き（消しゴムでもいい）、空いた時間に練習すれば、マスターするのにそれほど時間はかからない。

正しいマナーは、相手への心配りでもある。仕事で人間関係が広がらないと悩む人は、名刺の渡し方を再度見直してみてはどうだろう。

正しい駒の持ち方・打ち方

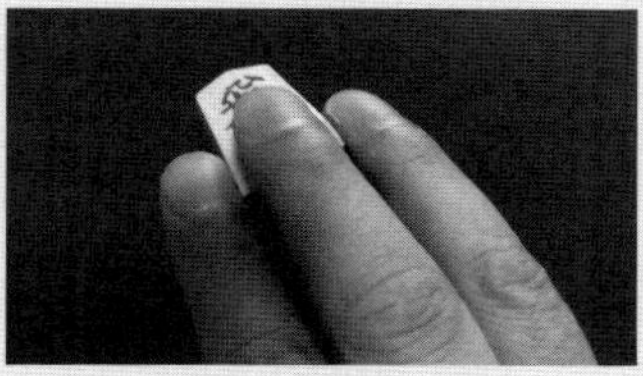
①中指を駒の表面に置き、人差し指・薬指を駒の左右両脇に添えて軽く支えてふわっと持ち上げる。

②駒の裏面にさっと親指を添えると同時に、人差し指を（駒の左側から、駒の裏側の）親指のほうに滑らせていく。

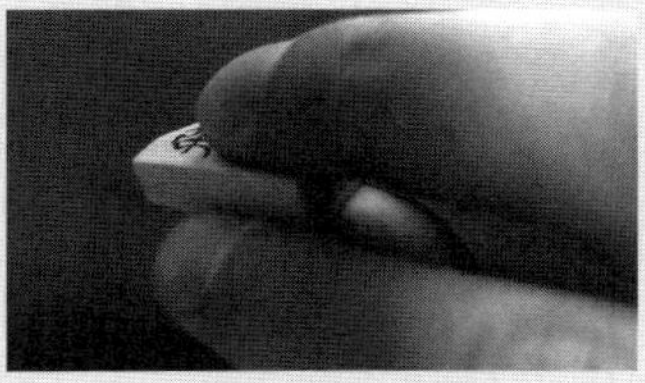
③人差し指を駒の裏面に回し、親指を押し出すように入れ替える（同時に薬指も離す）。

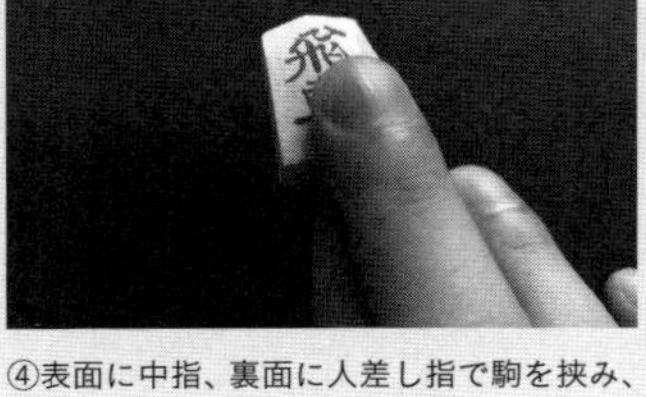
④表面に中指、裏面に人差し指で駒を挟み、盤面にピシッと打ち下ろす。

将棋の「戦法」を分類してみると

攻めを基本に戦法を考える

振《ふ》り飛《び》車《しゃ》

ヨコの柔軟性ある将棋
飛車を左側に
移動させて戦う

対《たい》居《い》飛《び》車《しゃ》

飛車を動かさない相手に、
飛車を動かして対抗

向《む》かい飛《び》車《しゃ》

飛車と飛車が同じ筋で
向かい合う
自ら動きたい積極派向け

四《し》間《けん》飛《び》車《しゃ》

飛車を左から4列目に移動
バランス感覚に
優れる人向け

三《さん》間《げん》飛《び》車《しゃ》

飛車を左から3列目に移動
「早石田《はやいしだ》」は激しく
戦いたい人向け

中《なか》飛《び》車《しゃ》

飛車を中央の筋に移動
力で押す
豪腕タイプの人向け

相《あい》振《ふ》り飛《び》車《しゃ》

お互いが飛車を
横に移動
自由に指したい人向け

居《い》飛《び》車《しゃ》穴《あな》熊《ぐま》

守備を徹底的に固めてから
勝負。準備万端にしてから
勝負する人向け

居飛車《いびしゃ》

タテの直線的将棋
飛車を元の位置の
ままで戦う

相居飛車《あいいびしゃ》

お互いに飛車を
元の位置のままで戦う

対振り飛車《たいふりびしゃ》

飛車を動かした相手に、
飛車を元の位置のまま対抗

矢倉《やぐら》

お互いが矢倉囲いに
組んで戦う
研究肌の人向け

相掛《あいが》かり

お互いが飛車先を
突き合わせる。構想力に
自信のある人向け

角換《かくが》わり

序盤に角を交換→
お互いが角を持ち駒に
慎重で細心な人向け

横歩取《よこふど》り

先手が飛車先の歩を交換→
3四の歩を取る
激しい急戦が好きな人向け

対振《たいふ》り飛車《びしゃ》 急戦《きゅうせん》

守備を固めず
スピードで勝負。リスクを
取って勝負する人向け

11の戦法はここがビジネスに結びつく

矢倉《やぐら》

お互い同じ形で戦う。フィフティフィフティの状況から、有利に運ぶ交渉術。

先手・後手が同じ囲いで戦う矢倉戦。お互い、似たような陣形になることも多い。まったく五分五分の状況から、細かい駆け引きでポイントを重ね、自分に有利な状況へと導いていく過程は、まさにビジネスそのもの。交渉術を学ぶいい訓練になる。

相掛《あいが》かり

お互い飛車先の歩を突き合う。相手の出方に応じて、主張の仕方を変える。

互いに居飛車で、飛車先を突き合っている以外は、囲いもその後の駒組みも、まったく自由なのが相掛かり。構想力が磨かれる戦法である。相手がどう出てくるかは予測不能。向こうの出方に応じて、臨機応変に主張のポイントを変える柔軟さも養える。

角換《かくが》わり

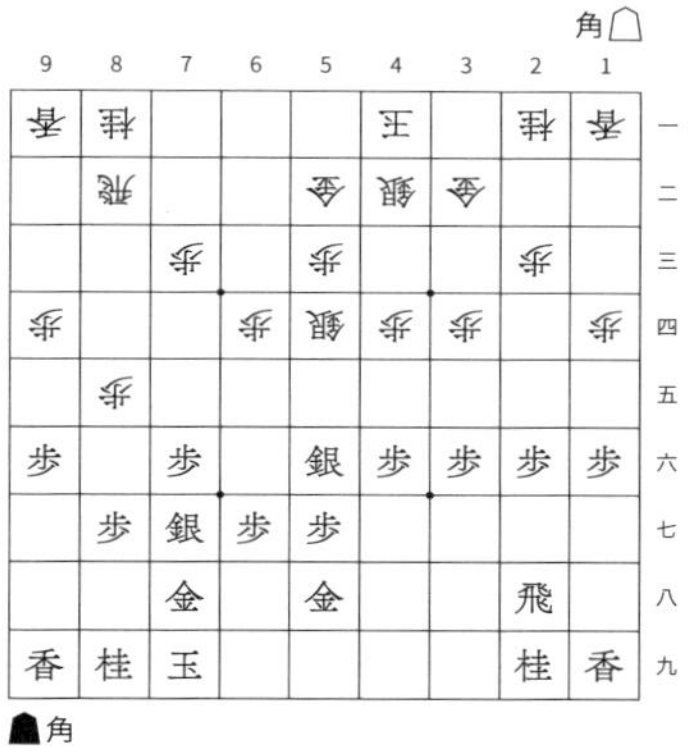

お互い角を持ち駒にする。相手の武器を封じ、自分の武器を有効に使う。

序盤に角交換を行い、双方、角を持ち駒にする角換わり。ちょっとでも自陣にスキが生じると、相手に角を打ちこまれてしまう。守りに細心の注意を払いつつ、攻めでは相手の一瞬のスキを逃さないことが重要。武道のような集中力が養われる。

横《よこ》歩《ふ》取《ど》り

歩2☖

	9	8	7	6	5	4	3	2	1
一	v香	v桂	v銀	v金	v王		v銀	v桂	v香
二							v金	v角	
三	v歩		v歩	v歩	v歩	v歩			v歩
四							飛		
五									
六		v飛	歩						
七	歩			歩	歩	歩	歩		歩
八		角	金						
九	香	桂	銀		玉	金	銀	桂	香

☗歩3

激しい攻め合いになる。未知の仕事では、入念なリサーチと決断力がモノを言う。

序盤から激しい攻め合いで、一気に終盤戦へと突入することも多い横歩取り。いちばん気の抜けない戦法だ。とにかく研究がモノを言うので、過去の実戦例をリサーチするのは必須。研究から離れた未知の局面でどう指していくか、決断力も身につく。

急《きゅう》戦《せん》

なし☖

	9	8	7	6	5	4	3	2	1
一	v香	v桂		v金				v桂	v香
二		v王	v銀	v角	v金		v飛		
三		v歩	v歩			v銀		v歩	v歩
四	v歩			v歩	v歩	v歩	v歩		
五							歩	歩	
六	歩		歩		歩	歩		銀	
七		歩		歩	銀				歩
八		角	玉	金	金		飛		
九	香	桂						桂	香

☗なし

振り飛車に対する作戦。リスクを取っても、先行者利益を得ることが大事。

居飛車側の振り飛車対策には、大きく分けて2つの方向性がある。囲いは薄いまま、とにかくスピードで勝負する急戦の代表が、図の「対振り飛車棒銀」だ。多少のリスクは覚悟の上で、先陣を切って先行者利益を取りにいく度胸が養える。

居《い》飛《び》車《しゃ》穴《あな》熊《ぐま》

なし☖

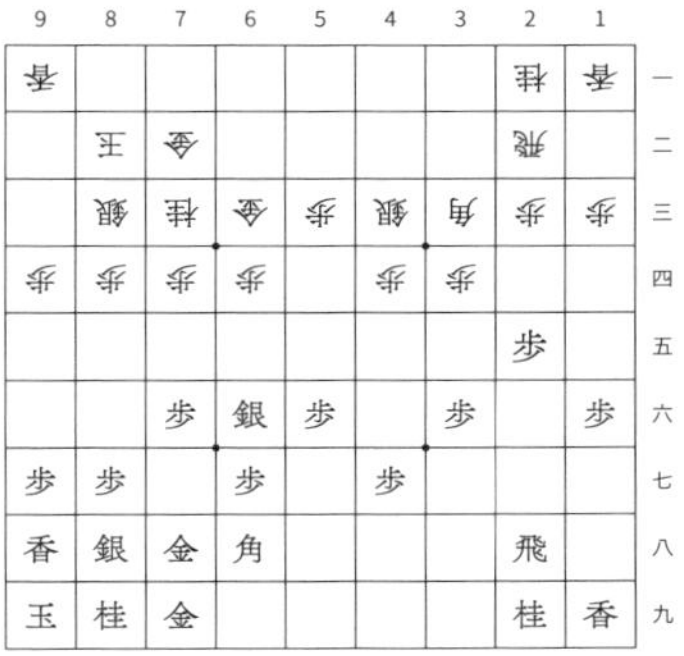

☗なし

振り飛車に対する作戦。バックをしっかり固めておけば、大胆な提案もできるようになる。

急戦と対照的に、玉を堅く囲ってからじっくり戦う持久戦の代表が居飛車穴熊。とにかく堅固なので、守備のことは考えず攻撃に専念できるし、多少の無茶な攻撃も意外と通ったりする。背後を固めておけば、大胆な提案ができることを学べるはずだ。

向《む》かい飛《び》車《しゃ》

なし☖

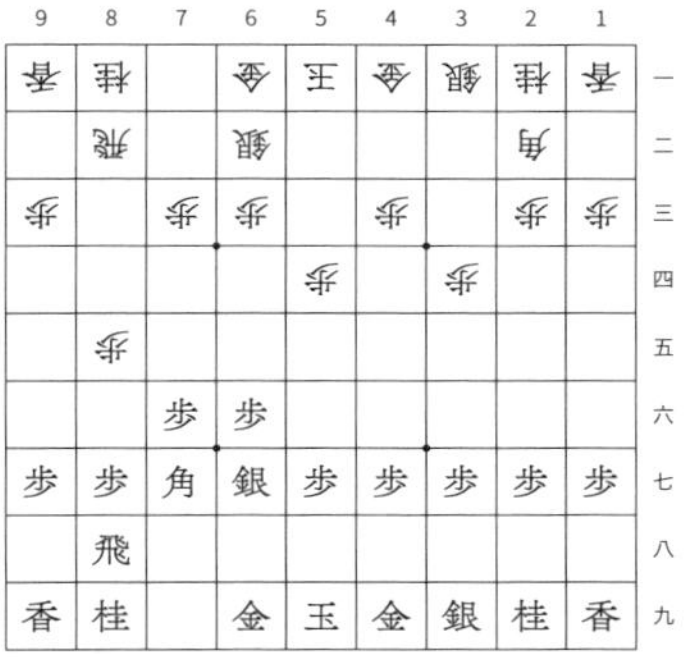

☗なし

飛車と飛車が向かい合う。強情な交渉相手には、サシで向き合い、腹を割って話す。

居飛車側の真正面に飛車を振り、飛車同士を直接対峙させる向かい飛車。大砲を向け合い、「さあ、どう出ますか?」と聞く剛胆さが求められる。タフな交渉相手には1対1で向き合い、腹を割って話し合うことも必要だが、そんなときの覚悟が学べる戦法だ。

三間飛車《さんけんびしゃ》

なし☖

9	8	7	6	5	4	3	2	1	
香	桂	銀	金	王	金	銀	桂	香	一
	飛						角		二
歩		歩	歩	歩	歩		歩	歩	三
	歩					歩			四
		歩							五
									六
歩	歩		歩	歩	歩	歩	歩	歩	七
	角	飛							八
香	桂	銀	金	玉	金	銀	桂	香	九

☗なし

飛車を左から3列目に移動する。スキあらば主導権を握るぞ、というブラフも大切。

通常の三間飛車は四間飛車と似た感覚だが、図のように角道を開けたまま、☗7五に歩を伸ばす三間飛車が「早石田」。スキあらば斬りこむぞ、と威嚇しつつ、戦いの主導権を握る戦法だ。こういうブラフをかませられるようになれば、仕事でも腹が据わる。

四間飛車《しけんびしゃ》

なし☖

9	8	7	6	5	4	3	2	1	
香	桂				金	銀	桂	香	一
	飛			金		王	角		二
歩			歩	銀	歩		歩		三
		歩		歩		歩		歩	四
	歩								五
		歩	歩					歩	六
歩	歩	角	銀	歩	歩	歩	歩		七
			飛	金		銀	玉		八
香	桂				金		桂	香	九

☗なし

飛車を左から4列目に移動する。バランスの取れたスタイルが好結果を生む。

振り飛車の代表的戦法。美濃囲いに組んだ四間飛車は攻守のバランスが絶妙で、居飛車側がどんな戦法で来ようが、自在に対応できる柔軟性が特徴。仕事一辺倒ではなく、自己啓発や趣味の時間も作るなど、心に余裕を持つことの大切さを教えてくれる戦法だ。

中《なか》飛《び》車《しゃ》

飛車を中央の筋に移動。イニシアチブを取る意思を、最初に姿勢で示す。

初心者にも人気のある中飛車。飛車をセンターに据えることで、中央での戦いはこちらがリードさせてもらいますよ、という意思を示す戦法だ。仕事でイニシアチブを取りたければ、中飛車のように、まずは周囲に「こうしたい」と姿勢をはっきり示すことだ。

相《あい》振《ふ》り飛《び》車《しゃ》

お互い飛車を横に移動する。フリーダムな相手には、こちらもフリーダムで対抗。

互いに飛車を振り合う相振り飛車。相居飛車のような戦型分類ができないほど、指し方は自由だ。どんな仕事相手に対しても、自分のスタイルを変えない人がいるが、自分にも揺るぎないスタイルがあるなら、押し通せばいい。それが納得いく仕事につながる。

中学時代に通った名古屋の
「板谷将棋教室」で、将棋の面白さ、
奥深さを教えてくださった
故・板谷四郎九段、故・板谷進九段に、
そして、通わせてくれた母に感謝を込めて。

加藤剛司

かとう・つよし

構成作家・ライター。一九六七年、名古屋市生まれ。『テリー伊藤 のってけラジオ』(ニッポン放送)ほか、ラジオ番組を多数手がける。中学生の頃から将棋にはまり、独学で研究。上智大学将棋部では4年間レギュラーを務め、長年低迷していたチームを関東大学リーグ団体戦B級1組(2部)に引き上げるなど貢献。野球と歌謡曲をこよなく愛し、その方面の執筆も多数。

文　加藤剛司
企画・プロデュース・編集　石黒謙吾
デザイン　寄藤文平＋吉田考宏（文平銀座）
イラスト　寄藤文平
編集　大久保かおり（扶桑社）
校正　和田成太郎（聚珍社）
DTP　藤田ひかる（ユニオンワークス）
制作　（有）ブルー・オレンジ・スタジアム

仕事《しごと》は将棋《しょうぎ》に置《お》きかえればうまくいく
戦略《せんりゃく》・交渉《こうしょう》・人材活用《じんざいかつよう》へのロジック100

著者
加藤剛司

発行日
2018年10月30日　初版第1刷発行

発行者
久保田榮一

発行所
株式会社 扶桑社
〒105-8070　東京都港区芝浦1-1-1　浜松町ビルディング
電話　03-6368-8885（編集）／ 03-6368-8891（郵便室）
http://www.fusosha.co.jp/

印刷・製本
株式会社 廣済堂